HEYNE BÜCHER

Das Buch:
Leonie Ossowski ist eine der herausragenden deutschsprachigen Erzählerinnen der Gegenwart. Ihre Romane *Weichselkirschen* (Heyne-TB Nr. 01/7954) und *Wolfsbeeren* (Heyne-TB Nr. 01/8037), die mit mehreren Literaturpreisen ausgezeichnet wurden, gehören zu den spektakulärsten Bucherfolgen des letzten Jahrzehnts. Leonie Ossowski schreibt Geschichten, in denen sich ihre Leser wiederfinden können, und sie erzählt von Menschen, die als Randfiguren der Geschichte und Gesellschaft doch deren Hauptbetroffene sind. »Ich will bestimmte Themen oder Situationen unserer Gesellschaft mehreren Generationen gemeinsam vorstellen«, sagte sie 1986 während der Berliner Kinder- und Jugendbuchwoche. »Den Generationen, die für unsere Gesellschaft und deren Zustände verantwortlich sind, und jenen, die später zu entscheiden haben, diese Verantwortung mitzutragen oder abzulehnen.«
Es fällt auf, daß im Werk Leonie Ossowskis bestimmte Themen in immer neuen Abwandlungen wiederkehren. Eines davon ist die Gewalt, ein Thema, das in den beiden Erzählungen dieses Bandes aus wechselnder Perspektive dargestellt wird: Gewalt, von der keine Rede ist... Gewalt gegen Frauen. Eine junge Ehefrau, Opfer einer Vergewaltigung, muß am eigenen Leibe erleben, was vielen Frauen widerfährt: Erniedrigung und Ekel, Angst und Ohnmacht, Scham und Verzweiflung. Leonie Ossowski erzählt das traumatische Erlebnis zuerst aus der Sicht der Frau, dann aus der des Mannes.

Die Autorin:
Leonie Ossowski, 1925 im niederschlesischen Ober-Röhrsdorf geboren, schrieb in den 50er Jahren Drehbücher für die DDR-Filmgesellschaft DEFA und veröffentlichte 1958 ihr erstes Buch *Stern ohne Himmel* (Heyne-TB Nr. 01/7817). 1967 erschien ihr erster Roman *Wer fürchtet sich vorm schwarzen Mann* (Heyne-TB Nr. 01/7835) in der Bundesrepublik; weitere Erzählungen und Romane wie *Liebe ist kein Argument* (Heyne-TB Nr. 01/7922), *Blumen für Margritte* (Heyne-TB Nr. 01/8183) und *Weckels Angst. Mannheimer Geschichten* (Heyne-TB Nr. 01/8255) folgten. Die Autorin, die heute als freie Schriftstellerin in Berlin lebt, erhielt für ihr Gesamtwerk 1982 den Schiller-Preis der Stadt Mannheim.

LEONIE OSSOWSKI

VON GEWALT KEINE REDE

Zwei Erzählungen

Originalausgabe

WILHELM HEYNE VERLAG
MÜNCHEN

HEYNE ALLGEMEINE REIHE
Nr. 01/8417

»Von Gewalt keine Rede« erschien bereits
im Heyne-Jahresband 1989 (Band-Nr. 01/7700).

Printed in Germany 1992
Umschlagillustration: filmpool, Film- und Fernsehgesellschaft, Köln
Autorenillustration: Renate von Mangoldt
Umschlaggestaltung: Atelier Ingrid Schütz, München
Satz: (1050) IBV Satz- und Datentechnik GmbH, Berlin
Druck und Bindung: Elsnerdruck, Berlin

ISBN 3-453-05634-5

Von Gewalt keine Rede

Es war ein Donnerstag, und wie jeden Donnerstag wartete Erika Zilke auf Eckard, von dem sie wußte, daß er sich stets um zehn Minuten bis eine Viertelstunde verspätete. Diesen Donnerstag kam er pünktlich, klingelte, schob gleich danach den Schlüssel, den sie ihm vor Jahren, in einem selbstgebackenen Kuchen, überreicht hatte, ins Schloß und stand im Entree ihrer Dreizimmerwohnung. Alles andere war wie gewohnt, sie konnte es vom Badezimmer aus hören. Als erstes ließ er die Tasche auf den Boden fallen, in der er seine schmutzige Wäsche mitzubringen pflegte. Dann hängte er sein Jackett auf einen Bügel der Garderobe und rief laut ihren Namen. Dazwischen, das wußte sie von heimlichen Beobachtungen her, würde er sich im Spiegel betrachten, dicht an das Glas treten, die Augenbrauen hochziehen, mit der Zunge die Unterlippe befeuchten und mit den Handballen sein Haar fest an die Schläfen drücken. Eine merkwürdige Geste, die sie auch schon an anderen Männern vor dem Betreten von Restaurants, Tanzflächen oder anderen öffentlichen Lokalen beobachtet hatte.

Wie gesagt, Erika Zilke war auf Eckards Pünktlichkeit nicht vorbereitet, und das hatte zur Folge, daß sie nicht nur ihr Make-up schlampig zu Ende führte, sondern Eckard länger als gewohnt auf das Essen warten mußte. Sofort entschuldigte sie sich, bat um

Geduld und setzte alles daran, das Versäumte nachzuholen.

»Da komme ich einmal pünktlich...«, sagte Eckard und setzte sich, ohne seinen Satz zu vollenden, an den Tisch. Es roch nach gefülltem Schweinebauch, nach Champignons, Oregano, Orangenmarmelade und Knoblauch. Eckard hatte Hunger. Aber er zeigte weder Vorfreude, noch gab er zu, Appetit zu haben. Er schwieg, saß stumm am Tisch, den Blick auf Erika gerichtet, als könne er damit den Kochvorgang beschleunigen. »Das macht mich ganz verrückt, wenn du mich so anstarrst«, sagte sie.

»Ich kann ja woanders essen«, antwortete er.

»Hab ich das vielleicht verlangt?«

»Dann schreib mir nicht vor, wo ich hinsehen soll.«

Früher hätten sie sich in solchen Fällen länger gestritten, hätten sich dafür Zeit genommen und eine derartige Verkürzung nicht geduldet. Aber im Lauf der Jahre waren sie der verbalen Wiederholungen müde geworden, und immer öfter genügten nur noch wenige Worte, die die jeweilige Geringschätzung für den anderen ausdrückten. Darauf folgte, so wie jetzt, ein tödliches Schweigen, in dem nur die Teller klapperten. Erika deckte den Tisch. War sie zu Hause, trug sie gern Kleider, die sich Eckards Meinung nach kaum von Kittelschürzen unterschieden. Er fand auch ihren zu groß geschminkten Mund komisch, der wie ein Mohnblumenblatt in ihrem Gesicht klebte.

»Wie du aussiehst«, sagte Eckard. Auch diese Anspielung war keineswegs neu und kränkte Erika nicht. Mit Bedacht legte sie den gefüllten Schweinebauch in Scheiben auf die Teller. »Guten Appetit!«

Als Erwiderung nickte er nur, dann machte er sich ans Essen. Mit einem Blick sah sie, wie es ihm schmeckte, hörte ihn kauen, schlucken und hätte am liebsten jeden Happen, den er in den Mund steckte, gezählt. Nie sah er für sie friedlicher aus, als wenn er aß, was sie gekocht hatte. Das nächste Mal würde sie ihm Lammkeule in Blätterteig vorsetzen, das kannte er noch nicht. Um seine versöhnliche Stimmung zu unterstützen, kam sie auf seine Hemden zu sprechen, die er heute gewaschen und gebügelt mit nach Hause nehmen könne.

»Brav«, sagte er, »sehr brav«, und tatsächlich zog ein Lächeln über sein Gesicht, eins von denen, die ihr schon immer Oberwasser gegeben hatten. Wenn er jetzt noch die Hand auf die ihre legte, konnte sie zum Schlag ausholen. Und weiß Gott, sein Arm schob sich über den Tisch. Einen Augenblick lang spürte sie flüchtig seine Finger auf ihrem Handrükken.

»Kommst du heute abend wieder«, fragte sie, ohne die Stimme zu heben, mehr so, als wisse sie die Antwort schon im voraus. Prompt zog er seine Hand zurück, und die alte Feindseligkeit kehrte in seine Augen zurück.

»Soll das eine Einbestellung sein?«

Erika Zilke nickte, auch sie sah ihn jetzt lauernd an, und ihr Mund, der wie ein Mohnblumenblatt in ihrem Gesicht klebte, kam in Bewegung, zuckte und bog sich nach allen Seiten, bevor ihm die Worte entschlüpften, die offensichtlich auch für Eckard nicht neu waren. Er sprang auf und verließ mitten im Satz, ohne seine gebügelten Hemden mitzunehmen, Erika Zilkes Dreizimmerwohnung. »Mein Gott, Ekkard«, hatte sie mit gespielter Freundlichkeit gesagt, »sei nicht schon wieder beleidigt, ich weiß doch, warum du im Essen besser bist als im Bett, oder was glaubst du, warum ich so gut für dich koche?«

Eckard mußte sich zusammennehmen, um die Treppenstufen nicht hinunterzurasen. Die Worte von Erika Zilke schlugen wie auf winzigen Trommeln in seinen Ohren. Er hörte sie alle einzeln, die Worte, obwohl er doch längst die Tür hinter sich zugeknallt hatte. Sie ließen ihn nicht los, weil er sie alle kannte. Erika Zilke ließ keine Gelegenheit aus, ihn als Versager hinzustellen, auch wenn sie sich noch so sehr um sein leibliches Wohl bemühte. Kaum aber lobte er sie, kaum gab er zu, wie ihm die von ihr zubereiteten Speisen schmeckten, wie sorgfältig sie sich seiner Wäsche annahm, wie zuverlässig und gründlich sie seine Wohnung pflegte oder sich um ihn kümmerte, wenn er krank war, fühlte sie sich zu diesen niederträchtigen Bemerkungen veranlaßt. Einmal hatte sie sogar das Zittern seiner Unterlippe festgestellt, ein andermal seine verkrampften Hände. Da hatte sie ganz fein gelächelt und mit dem Kopf genickt, als sei ihr etwas Wunderbares widerfahren. Seitdem machte er sich augenblicklich davon, wenn er glaubte, mit ihren Anspielungen rechnen zu müssen. Natürlich hatte er sich anfangs vorgenommen, seine Beziehung zu ihr zu lösen. Aber sein Bedürfnis, sie zu demütigen, indem er sich von ihr bedienen ließ, war größer. Auch fürchtete er die

Einsamkeit, die sie jederzeit mit ihm teilte, wenn er es wollte. Andererseits machte sie keine Szene, wenn er mehrere Abende ohne sie im Schachclub verbrachte oder in seiner Wohnung dem nachging, von dem sie keine Ahnung hatte.

Als Eckard die unterste Treppenstufe erreichte, hatte er sich wieder in der Gewalt. Erikas Worte schlugen nicht mehr wie auf Trommeln in seinen Ohren. Er hatte nicht mehr das Bedürfnis zu rennen, auch seine Unterlippe zitterte nicht, und seine Hände strichen ganz locker über das Haar an seinen Schläfen. So wie er in sein Auto stieg, selbstsicher, fast heiter, hatte er nichts mehr mit dem Mann zu tun, der eben noch in panischer Flucht aus Erika Zilkes Wohnung geflohen war.

Im Büro der Baustelle für ein staatliches Schulgebäude trug Eckard Verantwortung. Hier war er der Architekt, Herr Eckard Fuhrgeber, eine angesehene Person, deren korrektes Auftreten und Verhalten überall Anerkennung fand. Seine Aufgabe war die Leitung und Überwachung des Bauvorhabens. Er bereitete die Leistungsverzeichnisse nicht nur vor, er nahm die Leistungen auch ab und überprüfte danach die Rechnungen. Das bedeutete eine Menge Schreibarbeit, die Eckard immer von derselben Sekretärin erledigen ließ. Doch manchmal verlangte er seine handgeschriebenen Notizen und Aufstellungen, nachdem sie sauber abgetippt worden waren, wieder zurück.

»Was wollen Sie denn noch damit, Herr Fuhrgeber?« hatte die Sekretärin beim erstenmal erstaunt gefragt und zur Antwort bekommen, daß sie das nichts anginge. Dabei hatte Eckards Stimme so ungewohnt herrisch geklungen, daß sie sich sofort entschuldigte. Aber im Gegensatz zu seinem Ton hatte sie gesehen, wie seine Unterlippe zu zittern begann, und einen Augenblick lang tat ihr der Architekt Eckard Fuhrgeber sogar leid. Inzwischen stellte sie keine Fragen mehr und übergab ihm schweigend seine nach ihrer Arbeit nutzlos gewordenen Schmierzettel zurück, die er sorgfältiger in seinem Aktenkoffer verwahrte als die sauber abgetippten Papiere.

»Kannst du das verstehen?« fragte die Sekretärin ihre Kollegin, aber die hatte auch keine Erklärung, und deshalb gewöhnte man sich mit der Zeit an den merkwürdigen Spleen des Architekten Eckard Fuhrgeber. Vielleicht vergaß man ihn auch. Kaum, daß es etwas gab, das man sich im Zusammenhang mit dem Architekten Fuhrgeber überhaupt merkte. Er war fleißig, unauffällig und zuverlässig. Er grüßte jeden, wurde höflich zurückgegrüßt, aber niemand im Büro hatte jemals mit ihm ein Bier getrunken oder ihn zu sich nach Hause eingeladen. Selten, daß es mal zu einem privaten Gespräch kam. Nicht daß die Kollegen etwas gegen Eckard hatten, nein, er war einfach nicht der Mann, von dem man sich Heiterkeit versprach. Er sah immer gleich aus, ein wenig zu ernst, ein wenig zu abweisend und ganz ohne Interesse an Frauen.

Niemand im Baubüro ahnte, daß Eckard im Grunde genommen nur darauf wartete, einmal mit von der Partie sein zu dürfen, daß man ihn ansprach, ihm auf die Schulter klopfte und nach Feierabend mitnahm, egal wohin. Aber es war immer das gleiche, es blieb nur beim freundlichen Gruß und dem Wunsch, er möge noch einen schönen Abend oder ein erholsames Wochenende verbringen. Eckard Fuhrgeber war eben ein Typ, der übersehen wurde, an den man nicht dachte und dem man nichts Privates erzählte. Es fiel nicht einmal auf, wenn er ab und zu vor Arbeitsschluß das Büro verließ und plötzlich Eile zeigte. Dann veränderten sich seine Gesten, er wurde nervös. Er trug seinen Kopf höher, und wenn er ging, hingen seine Arme unbeweglich an seinem Körper herunter, als trüge er schwere Gewichte mit sich. Immer wieder sah er sich um, manchmal zuckte er auch zusammen, obwohl kein Mensch in seiner Nähe war, und hin und wieder flüsterte er etwas vor sich hin. Im Baubüro einigte man sich darauf, daß Eckard Fuhrgeber nun mal ein Sonderling sei, und damit ging auch der Rest von Neugierde an seiner Person verloren.

Heute zum Beispiel fand so ein eiliger Feierabend statt. Er konnte die Baustelle nicht früh genug verlassen, er nahm sich kaum Zeit für den üblichen Gruß, sein Kopf ragte aufwärts gestreckt aus dem Hemdkragen, und wer ihn aufmerksam beobachtete, der konnte feststellen, daß er flüsterte. Aber es sah ja niemand genau hin.

Der Weg von der Baustelle bis zum Redaktionshaus der Tageszeitung war nicht weit. Trotzdem benutzte Eckard Fuhrgeber sein Auto, und wenige Minuten später stand er in der Anzeigenabteilung, wo er als Annonce aufgab, was er bisher vor sich hin geflüstert hatte: SCHREIBKRAFT GESUCHT, AUCH ANFÄNGERIN MÖGLICH, ARBEITSZEIT NACH VEREINBARUNG.

Kaum hatte die junge Frau am Schalter seinen Text notiert, die zu zahlende Summe ausgerechnet und Eckard mit dem Duplikat an die Kasse geschickt, fiel die Nervosität von ihm ab. Seine Arme bewegten sich wieder natürlich, sein Kopf rutschte zurück in den Hemdkragen, und zu flüstern hatte Eckard Fuhrgeber jetzt auch nichts mehr. Nur sein Gesicht blieb ernst, sein Blick bis zur Unhöflichkeit abweisend, und er wirkte auch nicht freundlicher, als er sich im Schachclub an einen der kleinen Tische setzte. Worte machte er nicht viel, man wußte auch so, was los war. Die Frage war nur, wer sich auf eine Partie mit ihm einließ. Eine Partie, die schon von Anfang an als verloren galt, denn Eckard Fuhrgeber gewann immer. Wer also war diesmal das Opfer? Frank hieß es, der gab nicht auf, der war zäh, der war der einzige unter ihnen, der eventuell Eckard Fuhrgeber Paroli bieten konnte. Das bedeutete aber nicht, daß Wetten angesagt wurden. Für so gut hielt keiner Franks Chancen, aber zusehen, das wollte man, die Züge zählen und sich überraschen lassen. Frank, der bei der Dresdner Bank in der Devisenabteilung arbeitete, war täglich im Club anzutreffen. Er bewunderte insgeheim den schweigsamen Architekten, der immer in der gleichen Haltung vor dem Brett saß und mit den Figuren so behutsam umging, als könnten sie schon allein bei der Berührung zerbrechen. Vielleicht hob er sie deswegen oft nur zwischen den Spitzen des Zeige- und Mittelfingers seiner rechten, nach oben gekehrten Hand hoch. Das sah sehr routiniert aus, und einige der Herumstehenden behaupteten, das mache er immer nur, wenn es gelte, den Gegner schachmatt zu setzen. Wer nicht selbst spielte, sah Eckard und Frank zu, verfolgte Zug um Zug, wobei die von Eckard meist mit anerkennenden Zischlauten begleitet wurden. Frank hingegen wurde mit hörbar respektloseren Bemerkungen bedacht. Obwohl Eckard nur noch zwei Springer, König und Dame zur Verfügung standen, Frank hingegen noch beide Türme, drei Bauern, ein Springer und der König, ahnte jeder, wer letztlich doch der Sieger sein würde. Eckard spürte die Spannung, genoß sie, lehnte sich zurück und sagte, nein, er flüsterte für seinen Gegner unverständlich, daß er diesen im dritten Zug matt setzen würde. Kein Mensch wußte wie, und um so größer war das Staunen, als Eckard recht behielt. Er zeigte kein Zeichen des Triumphs, ja, er lächelte nicht einmal. Er räumte schweigend die Figuren in das Kästchen zurück und wollte gerade aufstehen, um nach Hause zu gehen, als Frank ihn zu seinem Geburtstag einlud. Das Fest fände schon nächste Woche statt, aber er hoffe, Ekkard könne noch über diesen Termin verfügen.

»So ein hervorragender Schachspieler«, sagte Frank laut und deutlich, »so einer darf bei meiner Geburtstagsfete nicht fehlen.« Offensichtlich war hier nicht der Mensch Eckard Fuhrgeber gefragt, sondern der Champion. Eckard schien das nichts auszumachen. Endlich lächelte er und bestellte für Frank und sich ein Bier. Seitdem er die Mitgliedschaft im Schachclub erworben hatte, war es das erste Mal, daß ihn jemand zu sich nach Hause einlud.

Schon beim ersten Durchblättern der Zeitung war Nele die Annonce aufgefallen. Ihre Schreibmaschinenkenntnisse waren gut, und da die Arbeitszeit nach Vereinbarung auszuhandeln war, hätte dem Job nichts im Wege gestanden, wenn Max nicht dagegen gewesen wäre.

»Schreibkraft«, hatte er gesagt, »das hast du nicht nötig.« Max stand kurz vor der Ernennung zum Richter beim Arbeitsgericht und vertrat die Ansicht, daß seine Frau unter keinen Umständen nur um des Geldes willen einen x-beliebigen Job annehmen solle.

»Er ist nicht x-beliebig«, hatte Nele widersprochen, »bis zu unserer Hochzeit habe ich damit mein Geld verdient.«

»Eben, bis zu unserer Hochzeit, und dabei wollen wir es auch belassen.« Seit langem schon hatte sie ihn auf bestimmte Anzeigen hingewiesen. Da wurden Verkäuferinnen in Boutiquen gesucht, eine Empfangsdame für eine Arztpraxis ohne medizinische Vorkenntnisse, Mitarbeiterinnen in einem Kino-Center, Floristinnen und vieles andere mehr, was aber alles nach seiner Meinung für sie nicht in Frage kam. Im Grunde genommen, das hatte Nele längst begriffen, wollte er gar nicht, daß sie arbeiten ging. Wenn ihr gemeinsamer Sohn Robert die Schule besuche, könne man das Thema wieder aufnehmen, hatte er einmal gesagt, aber auch dann hielte er eine Aus- oder Fortbildung für weit sinnvoller. Da nützte weder das Argument, daß Robert bereits die Vorschule besuchte, noch ihr so großer Wunsch, über ein wenig eigenes Geld verfügen zu dürfen.

»Und an was fehlt es dir bei mir, daß du bereit bist, Jobs dieser Art in Kauf zu nehmen?« hatte er wissen wollen.

»An nichts«, war ihre hastige Antwort gewesen, ohne zu sagen, an was sie tatsächlich dachte, in diesem Fall an ein Kleid, das sie sich zu Franks Geburtstagsfeier kaufen wollte und das viel zu teuer war, um sich das Geld dafür von Max zu erbitten.

»Na also«, sagte er und küßte Nele auf den Mund.

Trotzdem ging ihr die Anzeige nicht aus dem Kopf. Der Wortlaut hatte sich so genau in ihr Gedächtnis geprägt, daß sie die Telefonnummer bereits auswendig wußte. Zur angegebenen Uhrzeit würde sie dort anrufen, und nichts würde sie davon abhalten.

»Können Sie pünktlich sein?« fragte Eckard Fuhrgeber, und Nele antwortete: »Selbstverständlich.« Die Stimme am Telefon klang kühl und sachlich, und wie Nele fand, zu leise. Also fragte sie, ob er sich vielleicht lieber für eine andere Arbeitskraft entschließen wolle. Er möge es nur rundheraus sagen, damit sie sich den Weg zu ihm sparen könne.

»Nein«, sagte darauf Eckard Fuhrgeber, »ganz im Gegenteil.« Und doch war Nele durch ihren Entschluß, den sie ohne Wissen von Max und gegen seinen ausdrücklichen Wunsch gefällt hatte, beunruhigt. Sie kam sich wie eine Abtrünnige vor, die um des eigenen Vorteils willen hinterrücks ihren Mann betrog. Vielleicht hätte sie alles wieder rückgängig gemacht, wäre nicht plötzlich Betty erschienen. Betty, die hübsche, die vergnügte, die hilfsbereite, die Neles beste Freundin war und die mit ihrem Mann Frank auf dem gleichen Stockwerk gegenüber wohnte. Betty konnte Nele ohne Umstände erzählen, was sie im Schilde führte. Betty fand es toll, möbelte Nele regelrecht auf und bot sich sogar an, auf Robert aufzupassen, falls die Arbeitszeit auf den Nachmittag fiele. Max, so sagte sie, Max sei ein Mann, der vor vollendete Tatsachen gestellt werden müsse, und es sei endlich an der Zeit, daß Nele Eigeninitiative beweise.

»Du meinst…?« fragte Nele.

»Ja, ich meine«, antwortete Betty und bekräftigte den Entschluß der Freundin, sich von dem ersten selbstverdienten Geld endlich ein Kleid zu kaufen, das nach Meinung von Max immer zu teuer war und in dem sie ihn nun an Franks Geburtstagsparty überraschen könne. So einfach sei das.

Um pünktlich zu sein, mußte Nele sich beeilen. Sie rannte ab der Bushaltestelle, bis sie außer Atem vor einem dieser neuen Hochhäuser stand, die zwanzig und mehr Stockwerke hoch in den Himmel wuchsen, grau, anonym und bedrohlich. Es gab keine Zeit zu verlieren und nichts, was sich noch ändern ließe. Eckard Fuhrgeber wohnte in der fünfzehnten Etage. Im Fahrstuhl warf sie einen Blick in den Spiegel, und als sie vor seiner Wohnungstür stand, erkannte Eckard Fuhrgeber durch den Spion ein Lächeln auf ihrem Gesicht, das ihm gefiel.

»Bitte treten Sie ein.«

Alles hatte Nele erwartet, nur nicht das. Der Mann, der ihr die Tür öffnete, ihr die Hand reichte und sie höflich in seine Wohnung bat, war mit nichts anderem als seinem Bademantel bekleidet. Wie versteinert blieb sie auf der Türschwelle stehen, errötete bis unter die Haarwurzeln, und das einzige, was sie hervorbrachte, war eine Entschuldigung für den so offensichtlich falsch gewählten Zeitpunkt ihres Besuches. »Oder«, stammelte sie noch immer zutiefst verlegen, »sind Sie vielleicht nicht Herr Fuhrgeber?«

Doch, sagte er heiter, der sei er schon und eigentlich habe ja er sich für seinen Aufzug zu entschuldigen, aber er sei von der Baustelle gekommen, wonach er stets zu duschen pflege, was heute wohl länger gedauert hatte. Jetzt schloß er hinter ihr die Tür, führte sie in sein Wohnzimmer und bot ihr einen Platz an. Anstalten, sich etwas anderes anzuziehen, machte er nicht. Im Gegenteil, er gab der Hoffnung Ausdruck, daß sie sich an seinem Bademantel nicht störe. Er setzte sich ihr gegenüber, schlug seine nackten Beine übereinander und sah sie freundlich an. Neles Blick huschte immer wieder zu Fuhrgebers dicken Waden hinunter, deren milchige Haut durch die starke Behaarung nur an den Fesseln und Knien zu sehen war. Unwillkürlich fragte sie sich, ob er sonst nichts unter seinem Bademantel trüge. Das machte ihr angst und trieb ihr erneut Röte ins Gesicht. Am liebsten würde sie aufstehen und gehen. Statt dessen sagte sie, daß sie sich durch seine ungewöhnliche Bekleidung ganz und gar nicht gestört fühle. Dann lachte sie etwas dünn und etwas hoch, womit sie versuchte, ihr ständig wachsendes Unbehagen zu verbergen.

»Ist ja gut«, sagte Eckard Fuhrgeber und legte beruhigend seine Hand auf ihr Knie, »ist ja gut.«

Auch die Haut seiner Hand, deren Innenfläche weich und ein wenig gepolstert war, zeigte dieses milchige Weiß, und aus den Poren wuchsen lange, borstige Haare. Nele wußte nicht, warum sie ausgerechnet diese, auf sie unangenehm wirkenden Einzelheiten so besonders wahrnahm. Sie wußte nur, daß es besser gewesen wäre, wenn sie auf Max gehört hätte. Als Eckard Fuhrgeber jetzt aufstand, um seinem Aktenkoffer die Aufstellungen, Notizen und Statistiken zu entnehmen, die schon längst sauber getippt in seinen Unterlagen abgeheftet waren, fand Nele Zeit, sich umzusehen. Nein, das war nicht die Wohnung eines Wüstlings und Frauenschänders mit unanständigen Postern oder Aktfotos an der Wand. Hier befand sie sich in den kühl und sachlich eingerichteten Räumen eines Architekten, der auf Vorhänge und überflüssige Möbelstücke verzichtete, mehr Wert auf teure Lampen legte und dessen Lieblingsfarben schwarz und weiß zu sein schienen. Nirgendwo lag Staub, die Fenster waren geputzt, das Parkett glänzte, kein voller Aschenbecher stand herum, und selbst der Papierkorb war geleert. Alles Zeichen, die auf die Anwesenheit einer Frau schließen ließen. Nele vergaß Eckard Fuhrgebers mit starkem Haarwuchs bewachsenen, milchigen Beine und Hände. Sie war auch bereit, über den Bademantel hinwegzusehen, um sich ganz auf die Arbeit zu konzentrieren, die er ihr jetzt erklären würde.

Er hingegen wußte, daß er der jungen Frau Zeit lassen mußte. Aus den Augenwinkeln konnte er beobachten, daß sie irgend etwas beruhigt hatte. Die Röte war aus ihrem Gesicht verschwunden, und erst jetzt sah er, wie hübsch sie war, hübsch und naiv mit großen blauen Augen, die zu Tränen neigten, da würde er aufpassen müssen. Überhaupt war Vorsicht geboten. Er haßte es, die Dinge am Anfang zu überstürzen. Über später dachte er noch nicht nach.

»Wie war doch Ihr Name?« fragte er, obwohl er ihn genau wußte.

»Nele Steinbecker.«

»Sie haben nichts dagegen, wenn ich Sie beim Vornamen nenne?«

Nein, sagte Nele, sie habe nichts dagegen. Aber insgeheim erschien ihr die Anrede ungewöhnlich, und das Unbehagen, das sie eben noch glaubte überwunden zu haben, stellte sich schon wieder ein, erinnerte sie an Max und die unzweifelhafte Tatsache, daß ihm dieser, nur mit einem Bademantel bekleidete Herr Fuhrgeber und die Situation, in der sich seine Frau hier befand, ganz und gar nicht gefallen würde. Eigentlich brauchte sie nur aufzustehen und zu sagen, daß sie es sich anders überlegt habe und vor allem Vertraulichkeiten dieser Art nicht schätze. Aber was um Gottes willen war an der Arbeitsatmosphäre auszusetzen? Was gab es für Vertraulichkeiten? Jemanden mit dem Vornamen anzureden war heutzutage keine Vertraulichkeit mehr, und daß Herr Fuhrgeber einen Bademantel trug, hatte er schließlich ausreichend begründet. Nein, wenn sie jetzt aufstünde und ginge, würde sich nur bestätigen, was Max immer behauptete: daß sie unselbständig sei und kleinbürgerlich.

Eckard Fuhrgeber hatte es Mühe gekostet, ihre Gedanken, die für ihn leicht lesbar waren, nicht zu unterbrechen. Er mußte ihr Zeit lassen. Er fragte sich, ob vielleicht ein Zeichen der Zuneigung dieser fremden Frau oder eine Geste ihres Vertrauens seine Pläne veränderten. Nicht, daß er sich das ausmalte, dazu hatte er zu wenig Fantasie, nein, er wartete darauf, weil er es sich so sehr wünschte. Für einen Augenblick geriet in seinem Kopf alles durcheinander. Er vergaß, was er sich vorgenommen hatte, die Notizen fielen ihm aus der Hand, die Augen machte er zu, und seine etwas zu rot geratenen Lippen öffneten sich zu einem kindlichen Lächeln.

Sie blieben unabhängig voneinander so lange mit sich beschäftigt, bis ihnen das eigene wie des anderen Schweigen peinlich wurde und sie beide zur gleichen Zeit losredeten. Nele sagte mit einem Lächeln, das eben noch auf Eckard Fuhrgebers Lippen gelegen hatte, wieviel Anschläge sie glaubte in der Minute schreiben zu können, und er, dessen Gesichtsausdruck jetzt ganz starr wirkte, fragte kalt und höflich, ob es ihr nicht vielleicht doch lieber wäre, mit dem Nachnamen angeredet zu werden. Auch könne er, wenn sie die Zeit aufbringen wolle, seinen Bademantel mit Hemd und Hose vertauschen.

»Aber nein«, sagte sie und hielt an ihrem Lächeln fest, »das ist wirklich nicht nötig.«

Darauf wurde Eckard Fuhrgeber sachlich. Er sammelte die ihm aus der Hand geglittenen Notizen vom Fußboden auf, setzte sich neben sie und fing an, ihr zu erklären, wie er sich die Verrichtung ihrer Tätigkeit denke. Vor allem wünsche er, daß sie die Schreibarbeit in seiner Wohnung und in seiner Gegenwart ausführe. Warum? Weil es Rückfragen geben wird, sagte er, Änderungen und Korrekturen, die sich von einem auf den anderen Tag aus neuen Daten errechneten und die er von der Baustelle mitbringe.

»Das heißt, ich soll abends arbeiten?« fragte Nele erschrocken und dachte an Max. Aber Eckard Fuhrgeber beruhigte sie. Eine so unsoziale Arbeitszeit würde er niemandem zumuten, der Nachmittag genüge, sagte er und schlug einen Tag in der kommenden Woche vor. Ohne Grund war er näher gerückt, sein Ellenbogen hatte schon zweimal ihren Arm berührt, und jetzt roch sie, ob sie wollte oder nicht, daß der Architekt Fuhrgeber das gleiche Eau de Toilette benutzte wie Max.

»Ich möchte gehn«, sagte sie und stand auf. Aber Eckard Fuhrgeber schüttelte den Kopf, zog sie wieder auf das Sofa herunter und sagte höflich, daß noch nicht alles gesagt sei, was gesagt werden müsse.

»Zum Beispiel?«

»Zum Beispiel, daß Sie sehr hübsch sind.«

Das Merkwürdige war, daß Nele Steinbecker später nicht hätte darauf bestehen können, ob der Architekt Eckard Fuhrgeber das tatsächlich gesagt oder ob sie es sich nur eingebildet hatte. In jedem Fall klingelte es in diesem Augenblick an der Wohnungstür, was die Situation schlagartig änderte und bei Eckard Fuhrgeber Hektik auslöste. Jetzt war er es, der aufstand, sich aber gleich darauf wieder hinsetzte. Er bat sie zu bleiben, legte abermals kurz seine Hand auf ihr Knie, lachte komplicenhaft und gab ihr auf diese Weise zu verstehen, nicht öffnen zu wollen. Aber auch das hätte sie später nicht mit Bestimmtheit behaupten können. Fest stand, daß er nach dem zweiten Klingeln die Tür aufmachte und Nele eine weibliche Stimme hörte, die sich von Eckard Fuhrgeber so leicht nicht beschwichtigen ließ. Ein Streit bahnte sich an, von dem Nele nichts verstand, da Eckard Fuhrgeber seinen Gast in ein anderes Zimmer schob und die Tür schloß. Offensichtlich handelte es sich hier um eine vertraute Person, denn jetzt nahm auch Eckard Fuhrgeber keine Rücksicht mehr, wurde immer lauter und verbat sich jegliche Widerrede. Die Antwort war ein spitzes Gelächter, in das sich für Nele unverständliche Wortfetzen mischten. Beides schien nicht enden zu wollen, obwohl Eckard Fuhrgeber immer lauter dazwischenfuhr, und immer öfter »halt den Mund« rief. Vielleicht würde er brüllen, wenn sie nicht da wäre, dachte Nele, und plötzlich faßte sie den Entschluß zu gehen. Leise natürlich und unauffällig, daß er nichts merkte. Wenn er dann seine ungebetene Besucherin endlich hinauskomplimentiert hätte und in sein Wohnzimmer zurückkehrte, wäre sie nicht mehr da, und er müßte feststellen, daß er sich umsonst beherrscht hatte. Der Gedanke gefiel Nele. Ohne daß es nötig gewesen wäre, sammelte sie die Papiere zusammen und legte sie ordentlich auf den Tisch. Sie klopfte sogar das Kissen zurecht, auf dem sie gesessen hatte, rückte einen Stuhl an die Stelle zurück, an der er vorher gestanden hatte, und verwischte alle Spuren, die ihre Gegenwart in Eckard Fuhrgebers Wohnung hinterlassen hatten. Dann schlich sie hinaus und zog die Tür so leise hinter sich zu, daß es unmöglich zu hören war. Sie nahm sich Zeit, um nach Hause zu kommen, lief durch den sonnigen Tag, als gäbe es etwas zu feiern. Und dann tat sie etwas, was sie noch nie getan hatte. Sie setzte sich in einem überfüllten Straßencafé zu fremden Menschen an den Tisch und bestellte sich Eis. Wer sie sah, konnte meinen, sie sei eine Frau, der nichts vertrauter ist als das Glück.

Eckard Fuhrgeber war tatsächlich Neles Verschwinden entgangen. Noch immer stand er Erika Zilke gegenüber, die seine gebügelten Hemden festhielt, als hinge ihr Leben davon ab. Schon beim ersten Klingeln hatte er gewußt, daß Erika vor der Tür wartete. Er glaubte, sie geradezu zu riechen, ihren Haarfestiger, ihren Puder, ihr Deodorant, und er sah sie vor sich, etwas vorgebeugt, wie zum Sprung in seine Wohnung bereit. Ein Wort von Nele Steinbecker, und er hätte Erika bis in die Ewigkeit klingeln lassen. Aber Nele Steinbecker hatte ihm mit keinem Sterbenswort Hoffnung gemacht. Das Klingeln hatte abermals eingesetzt und seine ganze Wohnung wie eine Alarmanlage bis ins letzte Eckchen erfüllt. Da war er aufgesprungen und hatte die Tür geöffnet. Aber nicht um Erika hereinzubitten, sondern um sie daran zu hindern, weiter zu klingeln. Sie stand in der von ihm erwarteten Haltung vor ihm, seine Hemden in den Händen, am Arm einen Korb. Sein Versuch, sie abzuwimmeln, mißlang, sie wurde laut, und er mußte befürchten, daß Nele Steinbecker verstand, was sie sagte. Den Fuß in der Tür rückte Erika Zilke näher. Ohne die Stimme zu senken, versuchte sie, ihn zu beleidigen. Im Gegensatz zu sonst gab er nicht nach, durfte weder nachgeben noch weglaufen, solange Nele Steinbecker im Wohnzimmer auf seine Rückkehr wartete. Eckard Fuhrgeber saß in der Zwickmühle und mußte sehen, wie er jetzt Erika Zilke los wurde. Als es ihm endlich gelungen war und sie ihn zornig und unter Tränen, mit einer in Blätterteig gewickelten Hammelkeule im Korb, verließ, war Nele Steinbecker verschwunden. Erika Zilke hatte Eckard Fuhrgeber die Suppe versalzen.

Nein, Nele erzählte ihrem Mann kein einziges Wort von dem, was sie am Nachmittag erlebt hatte. Ihm fiel nur auf, daß sie ungewöhnlich wild mit Robert herumtobte, Verstecken mit dem Jungen spielte, dann Fangen, und schließlich verkleideten sie sich und stellten sich ihm als Braut und Bräutigam vor.

Der fünfjährige Robert steckte in einem Minirock der Mutter, und auf seinen Locken lag ein weißes Chiffontuch, während Nele den dunklen Anzug des Vaters trug. Max hatte Mühe, seine Ungeduld zu verbergen, das Kinderspiel machte ihn nervös.

Er fragte nach dem Abendbrot und erfuhr, daß Nele ausgehen wolle. Mitten in der Woche? Ja, mitten in der Woche, sie habe Lust dazu. Und das Kind? Robert habe versprochen, allein zu bleiben, wenn sie vorher mit ihm spiele, zudem würde Betty nach ihm sehen.

»Betty, Betty...« sagte Max unfreundlich, »ist es nicht *dein* Sohn?«

Weg war die Fröhlichkeit von Mutter und Kind. In der Stille, die eintrat, wirkten sie in ihrer Verkleidung traurig. Es rührte Max, wie sie jetzt beide Hand in Hand und ohne Widerspruch vor ihm standen.

»Wir können ja später etwas trinken gehen«, sagte Max versöhnlich, »aber gegessen wird zu Hause.«

Natürlich gingen sie später nicht mehr aus. Max sagte, was er in solchen Fällen immer sagte, er habe tagsüber im Gericht genug Leute um sich und sei froh, am Abend mit Nele seine Ruhe zu haben. Er sähe lieber mit ihr zusammen fern, und als er sich dabei auf dem Sofa ausstreckte und seinen Kopf in ihren Schoß legte, nickte er ein.

»Zu Hause«, sagte er später, bevor sie sich ins gemeinsame Bett legten, »zu Hause ist es doch am schönsten.«

So schweigsam sich Nele Max gegenüber am Abend verhalten hatte, so beredt war sie jetzt während ihres Stadtbummels mit Betty. Ein Kleid sollte gekauft werden, ein Kleid, das Nele mit eigenem Geld bezahlen wollte. Ein Kleid, mit dem Nele Max an Franks Geburtstagsfete vor vollendete Tatsachen stellen wollte, obwohl sie jetzt schon wieder schwankte. Sie hatte Betty alles genau geschildert, die Begrüßung des Architekten, seinen Bademantel, seine haarigen Beine über der milchigen Haut, wie er sich neben sie gesetzt und die Hand auf ihr Knie gelegt und gesagt habe, er wolle sie beim Vornamen nennen.

»Na und«, fragte Betty, »was findest du dabei? Sei doch froh, wenn er ein lockerer Typ ist und nicht so ein konventioneller Korinthenkacker.«

»Ich weiß nicht«, sagte Nele, »er war mir unheimlich, und als es klingelte und er nicht öffnen wollte, dann aber doch eine Frau hereinließ, mit der er sich stritt, bin ich weggelaufen.«

»Typisch«, sagte Betty und lachte Neles Meinung nach zu laut und zu lang. Schließlich war die Freundin ja nicht dabeigewesen, hatte nicht den Tonfall des Architekten gehört, nicht seine Hand auf ihrem Knie gespürt und nicht seine merkwürdigen Augen gesehen, deren Ausdruck Nele beunruhigt hatte.

»Weißt du, was du bist«, hatte darauf Betty spöttisch gesagt, »du bist prüde und verhältst dich geradewegs so, wie man es von einer berufslosen und von ihrem Mann abhängigen Hausfrau erwartet. Von mir aus laß dir das Geld weiterhin wie eine Prostituierte zustecken, aber beklag dich dann bei mir nicht darüber.«

Und weil Betty merkte, daß sie zu weit gegangen war, umarmte sie Nele mitten auf der Straße und entschuldigte sich. Es sei ihr, sagte sie, einfach so rausgerutscht, aber daß die Freundin in allem, was sie persönlich beträfe, auf die Zustimmung ihres Mannes angewiesen sei, das stelle sich ihr, Betty, nun mal als ein unerträglicher Gedanke dar. »Ich möchte, daß du einen Beruf hast, ein eigenes Leben und so zufrieden wirst, wie ich es bin. Mach doch wenigstens einen Anfang.«

»Ja«, sagte Nele, »ich werde einen Anfang machen.«

Kaum waren sie in der Boutique angelangt, befiel Nele wieder diese Heiterkeit, die sie schon im Spiel mit Robert an den Tag gelegt hatte. Sie zog ein Kleid nach dem anderen an, drehte sich und nahm allerhand Positionen ein, die sie von Models in Modeschauen und Zeitschriften her kannte.

»Na«, fragte sie jedesmal, wenn sie aus der Umkleidekabine trat, »wie sehe ich aus?« Aber statt Bettys Antwort abzuwarten, lächelte sie ihrem eigenen Spiegelbild zu und wurde in der Auswahl der Kleider immer wagemutiger, bis sie sich schließlich zu Bettys Erstaunen Hals über Kopf entschied.

»Das?« fragte Betty, und Nele antwortete: »Ja, das.«

Froschgrün war das Kleid und körpernah wie die Verkäuferin sagte, vorn hochgeschlossen, aber mit einem Rückendekolleté versehen, das der Betrachter auf den ersten Blick nicht vermutete. Nele dachte an Max, dachte an seine Umarmung und lieh sich von Betty Geld. »Der Anfang«, sagte sie, »das Kleid ist der Anfang.«

Es folgte ein hektisches Wochenende, das Nele mit einer ihr selbst fremden Unruhe ausfüllte. Erst schlug sie ein Picknick vor, dann einen Besuch im Zoo, später war es eine Dampferfahrt, die sie mit Max und Robert machen wollte, und schließlich plädierte sie trotz der Tränen des Kindes dafür, doch lieber zu Hause zu bleiben.

»Ich möchte mit dir reden«, sagte sie und umarmte Max heftiger, als er es von ihr gewohnt war. Ihre Unschlüssigkeit hatte ihn ärgerlich gestimmt, das Kind tat ihm leid, er wies sie ab und machte sich mit Robert allein auf den Weg.

Launische Frauen, sagte er schnippisch beim Abschied, noch mehr launische Mütter seien und blieben ihm ein Greul. Als er am frühen Abend zurückkam, schwieg sie, schwieg auch, als der Junge längst im Bett lag und sie gemeinsam fernsahen, während

Max vergessen hatte, daß sie mit ihm etwas bereden wollte.

In der kommenden Woche gab Nele ihren Sohn bei Betty ab und klingelte zur vereinbarten Zeit an Ekkard Fuhrgebers Wohnungstür. Hübsch hatte sie sich gemacht und auf dem Weg die Nachmittagssonne genossen. Im Bus hatte sie mit einem Kind gelacht und einen Hund gestreichelt. Und da sie pünktlich war, konnte sie sich für den Weg von der Haltestelle bis zum Hochhaus Zeit lassen. Sie freute sich auf die Arbeit und auf das zu verdienende Geld, mit dem sie das froschgrüne Kleid bezahlen würde. Kein Wunder also, daß Eckard Fuhrgeber nach ihrem Klingeln im Spion das gleiche Lächeln in ihrem Gesicht wiederfand, das ihm schon bei ihrem ersten Besuch so gut gefallen hatte. Seine Überraschung über ihr Erscheinen war so groß, daß er im ersten Augenblick nicht öffnen konnte und Nele ein zweites Mal klingelte. Bewegungslos stand er am Spion, starrte in ihr Lächeln und fühlte, wie eine unbeschreibliche Zufriedenheit in ihm hochstieg. Ganz sanft machte sie sich in seinem Körper breit und füllte ihn von oben bis unten aus. Jetzt würde alles gut werden. Es galt nur die Tür aufzumachen, den Mund zu öffnen und die Frau zu begrüßen. Vielleicht würde dann aus dem Lächeln in ihrem Gesicht ein Lachen werden. Vielleicht. Als er endlich die Klinke herunterdrückte, klopfte sein Puls im Hals so stark, daß er die Hand darauf legen mußte. Das sah aus, als säße ihm ein Schmerz in der Kehle, und Nele erschrak. Ob sie störe, wollte sie wissen, ob er vielleicht gar nicht mehr mit ihr gerechnet habe, und sofort begann sie ihr Fortlaufen während ihres letzten Besuches zu rechtfertigen. Sie habe geglaubt, sagte sie und zögerte plötzlich weiterzureden, sie habe geglaubt...

Was? Und weil sie weder sich noch ihm ihre Angst eingestehen wollte, auch nicht ihr Unbehagen und weil sie fürchtete, sich lächerlich zu machen, wurde sie unsicher.

»Ich habe geglaubt«, sagte sie zum drittenmal, ohne sich der Täuschung ihrer Worte bewußt zu sein, »daß es Ihnen auf Grund Ihres Besuches neulich vielleicht lieber gewesen sei.« Endlich löste Ekkard Fuhrgeber die Hand von seinem Hals. Es schien ihm nicht schnell genug zu gehen, bis sie im Wohnzimmer waren. Zu ihrer Verblüffung holte er nicht seine Akten mit den Arbeitsunterlagen, den Statistiken und Aufstellungen, die sie abschreiben sollte, sondern er stellte eine Flasche Sekt und zwei Gläser auf den Tisch. Dabei redete er hastig mal auf sie ein, mal vor sich hin, ohne ihr Zeit für eine Antwort zu lassen. Immer wieder sagte er, wie er sich freue, daß sie gekommen sei, daß sie ihn nicht vergessen habe und wisse, worum es ihm ginge. Und dann war er wieder da, dieser Satz, der gar nichts mit ihrer Tätigkeit als Schreibkraft zu tun hatte und den Eckard Fuhrgeber mit einer so plötzlichen Behutsamkeit äußerte, daß sich Nele auch später mit Genauigkeit daran erinnerte. Der Satz habe, sagte sie später zu Betty, wie eine riesenhafte Seifenblase im Raum gehangen und ihr deshalb den Atem verschlagen. »Ich habe auf Sie gewartet!«

Hätte Eckard Fuhrgeber weitergeredet, wären die Worte zu überhören gewesen. Aber er redete nicht weiter, er hob nur sein Glas und sah sie stumm und voller Erwartung an, ohne einen Schluck zu trinken.

Nele glaubte plötzlich, in Eckard Fuhrgebers Blick eingeschlossen zu sein. Festgegossen wie in Plexiglas, von allen Seiten zu betrachten, bewegungslos und in ewiger Stille. Sie mußte etwas sagen, ehe es zu spät war, reden, um mit Worten aus seinem Blick zu schlüpfen, wenn sie sich schon nicht vom Fleck rühren konnte.

»Ich möchte keinen Alkohol trinken«, sagte sie, »ich möchte arbeiten.« Und weil Eckard Fuhrgeber nicht gleich reagierte, sondern sie weiterhin anstarrte, fügte sie so eindringlich, wie sie konnte, hinzu, daß sie zu diesem und keinem anderen Zweck hier sei.

»Glauben Sie«, fragte Eckard Fuhrgeber, »glauben Sie das wirklich?«

Sie hatte ihn genau beobachtet und gesehen, wie bei dem, was sie sagte, die Freundlichkeit aus seinem Gesicht verschwand, wie er die Lippen einzog und sein Gesicht rot wurde, als hätte sie ihn beleidigt. Das gefüllte Glas, das er noch immer in der Hand hielt, knallte auf den Tisch. Dann sprang er auf, und seine Stimme, die durch das Zimmer dröhnte, endete in einem abgehackten, künstlichen Lachen. Vielleicht war es auch mehr ein Keuchen oder Stöhnen. Es versetzte Nele in Angst, und natürlich war auch sie jetzt aufgesprungen. Aber bevor sie einen Entschluß oder auch nur einen vernünftigen Gedanken fassen konnte, stand Eckard Fuhrgeber schon vor ihr. Fast wäre sie zurück auf den Sessel gefallen, so dicht war er an sie herangetreten. Sie roch, wie er schwitzte, sie sah, wie sich seine Augen veränderten, unnachgiebig wurden und versessen. Am liebsten hätte sie geschrien. Sie hob schon die Hände, um seine Nähe abzuwehren, als er mit seinem Lachen, Stöhnen oder Keuchen aufhörte und sagte: »Zieh dich aus!« Weil sie nicht gleich reagierte, ihn nur entsetzt anstarrte und dabei wild ihren Kopf schüttelte, wiederholte er seinen kurzen Befehl und hängte noch ein drohendes »vorwärts« dran.

Endlich fand sie die Kraft zu schreien. Sie öffnete ihren Mund, aber statt des erhofften Hilferufs kam nur ein kläglicher Ton heraus, ähnlich kraftlos, wie sie ihn unter größter Anstrengung in ihren Alpträumen von sich gab, mehr ein Wimmern, das Eckard Fuhrgeber in Rage versetzte. Er schrie sie an, sie habe gefälligst zu tun, was er sage.

Jetzt gab's nur noch eins, weglaufen. Schnell mußte das gehen, ohne Rücksicht, ohne Worte, ohne Aufsehen. Mit aller Kraft stieß sie den Sessel zurück. Sie störte sich nicht an dem Glas, das vom Tisch fiel. Sie wäre auch bereit gewesen, ihre Jacke in der Garderobe hängen zu lassen. Sie war nur froh, daß Eckard Fuhrgeber ihr nicht folgte. Sie lief quer durch das Zimmer, den Flur entlang zur Tür. Nichts wie raus. Aber die Tür ließ sich nicht öffnen, alles Rütteln nützte nichts. Eckard Fuhrgeber hatte sie vorhin hinter Neles Rücken abgeschlossen. Sie saß in der Falle. Wie ein überlebensgroßes Insekt klebte sie an der Tür, Gesicht und Hände fest an das Holz gepreßt und zu keiner Bewegung fähig. Sie hörte seine

Schritte, die langsam näher kamen. Sie hallten in ihrem Kopf und ließen kein anderes Geräusch zu, auch nicht das Trommeln ihrer Fäuste, mit denen sie gegen das Türblatt hämmerte. Sie wußte, gleich würde er zupacken, und er packte zu. Grob riß er ihre Hände herunter und drehte sie zu sich herum.

»Bist du verrückt?« sagte er. »Meinst du, ich will mit den Nachbarn Ärger bekommen?« Dabei schlug er sie kurz ins Gesicht. Es tat nicht weh, es war vielmehr das Entsetzen, die Angst vor einer ihr fremden Brutalität. Sie hatte nie in ihrem Leben gelernt zuzuschlagen, sie hatte immer nur gelernt, Schutz zu suchen. Und so war es nicht weiter verwunderlich, daß sie sich jetzt aufs Bitten verlegte, ein Lächeln versuchte und schließlich Eckard Fuhrgeber um sein Mitleid bat. Aber der hatte kein Mitleid, und noch weniger schien er Zeit zu haben. Immer heftiger bestand er darauf, sie möge sich ausziehen. »Runter mit den Klamotten«, sagte er und zog ihr mit einem Griff die Bluse von den Schultern, daß die Knöpfe durch den Flur flogen. Statt sich wenigstens jetzt zu wehren, zu schreien oder nach irgendeinem Gegenstand zu suchen, den sie Eckard Fuhrgeber an den Kopf werfen konnte, sah sie die Knöpfe, wie sie durch den Flur kullerten und schließlich irgendwo liegen blieben. Sie hätte hier nicht herkommen dürfen. Max würde ihr nicht glauben, daß sie keine Schuld an dem habe, was mit ihr hier passierte, niemand würde ihr das glauben. Als sie jetzt von Eckard Fuhrgeber durch den Flur zurück ins Zimmer gezerrt wurde, leistete sie keinen Widerstand. Aber sie zog sich nicht weiter aus, auch nicht, als sie eine zweite, schnelle Ohrfeige bekam. Nur schmerzte die im Gegensatz zu der ersten, zerschmetterte ihr fast das Hirn, obwohl Eckard Fuhrgeber keineswegs kräftiger als zuvor zugeschlagen hatte. Alles weitere vollzog sich in großer Geschwindigkeit und mehr oder weniger geräuschlos. Eckard Fuhrgeber schien Übung zu haben, so wie er Nele die Kleidungsstücke vom Leib streifte. Dabei begann er zu reden, hastig, unverständlich und flüsternd, packte schließlich sein aufrecht stehendes Glied und stieß es ohne Rücksicht in Nele hinein, stieß wieder zu mit Gewalt und wachsender Kraft in immer schneller werdender Heftigkeit. Neles Kopf schlug gegen den Tisch. Sie glaubte einen Augenblick lang ohnmächtig zu werden. Aber das war mehr ein Wunsch. Sie nahm alles wahr, den Schmerz, den Ekel, den Geruch, der von Eckard Fuhrgeber ausging, sein rhythmisches Keuchen und seinen glasigen Blick, der über sie hinweg ins Leere ging, während sich seine Gesichtszüge aufzulösen schienen und aus seinem geöffneten Mund Speichel auf sie herabtropfte, bis sie warm und klebrig seinen Samen zwischen ihren Beinen spürte. Danach blieb sie in einer unnatürlichen Haltung liegen, nackt und von Eckard Fuhrgeber beschmutzt. Ihn beunruhigte dabei, daß sie ihn unentwegt anstarrte, ihn nicht aus den Augen ließ und ihm sogar zusah, wie er nach seiner Hose angelte. Sie heulte nicht einmal. Sie zitterte auch nicht, sie hatte nur ihre Augen aufgerissen und betrachtete ihn mit einer Fassungslosigkeit, die er nicht aushielt. Er schrie sie an, nur das nützte nichts. Ihr Blick blieb auf ihm hängen und trieb ihn schließlich aus dem

Zimmer hinüber ins andere. Auch dort verfolgten ihn ihre Augen und erlaubten Eckard Fuhrgeber kein Gefühl der Befriedigung oder des Triumphs. Einen Moment mußte er sich an der Kante des Stuhls festhalten, auf den er sich gesetzt hatte. Er wußte, was ihn erwartete, wenn er den Blick nicht los wurde. Aber nichts schien zu helfen. Er sah nach wie vor Nele Steinbecker stumm, nackt, in dieser unnatürlichen Haltung und mit diesem Blick vor sich liegen. Sosehr er sich bemühte, er konnte an nichts anderes denken, bis sich sein Zwerchfell zusammenzog und ein kläffendes Schluchzen hervorbrachte. Eckard Fuhrgeber heulte, saß auf dem Stuhl, die Hosen nicht zugeknöpft, die Hände vorm Gesicht und hatte Mitleid mit Nele Steinbecker. Erst als er die Tränen auf seinem Handrücken fühlte, schlug sein Mitleid mit Nele Steinbecker in Selbstmitleid um. Sein Heulen wurde hemmungslos, und von Minute zu Minute vergaß er die Frau, die er eben noch vergewaltigt hatte. Er vergaß auch ihren Blick und schwamm im eigenen Leid stromabwärts, suchte im Zorn Halt zu finden, um nicht ganz und gar vor die Hunde zu gehen, bis ihm Erika Zilke einfiel. Sofort hörte sein Schluchzen auf, und seine Tränen versiegten. Er machte die Hosen zu und hatte sich, wie er wußte, wieder in der Gewalt.

Jetzt hörte er die Haustür klappen. Nele Steinbekker hatte offensichtlich den Schlüssel gefunden und sich davongemacht. Nichts wie hinterher. Sie war schon auf dem Korridor, lief in merkwürdig schrägen Schritten davon und drehte sich nicht einmal nach ihm um. Im Gegenteil, sie rannte jetzt am Fahrstuhl vorbei, die Treppe hinunter. Da war nichts zu machen, wenn er sich nicht vor den anderen Hausbewohnern blamieren wollte, die vielleicht schon hinter ihren Türen horchten und durch die Spione sahen, sich fragten, was es mit ihm, dem Architekten Eckard Fuhrgeber, und dieser Frau auf sich habe, die nicht schnell genug davonkommen konnte und der er hinterher lief. Also blieb er stehen, setzte ein Allerweltslächeln auf und zog sich in seine Wohnung zurück.

Es hatte sich tatsächlich so abgespielt, wie es Eckard Fuhrgeber angenommen hatte. Allein gelassen, war Nele zur Besinnung gekommen. Als erstes betastete sie ihr Gesicht, ihren Hals, ihre Arme, wie um zu prüfen, ob alles noch da sei und unverletzt. Dann fuhr sie mit der Hand über ihren Bauch, und von dort weiter hinab, fühlte Eckard Fuhrgebers Samen zwischen den Fingern und sprang auf. Beinahe hätte sie sich auf dem Glastisch übergeben, und nur die panische Angst, dieser Mann könne wieder zurückkehren und sich abermals über sie werfen, hielt sie davon ab. Sie hatte keine Wahl und keine Zeit. Die Bluse war halbzerrissen, auch die Strümpfe. Aber auf die konnte sie verzichten, während sie die Bluse unter der zugeknöpften Jacke versteckte. So schnell hatte sie sich noch nie angezogen und noch nie so geräuschlos. Gleich neben der Tür entdeckte sie ein Schlüsselbrett und auch einer der Schlüssel paßte. Warum nur hatte sie den nicht vorhin gesehen? Gleich nach den ersten Schritten, die sie im Korridor machte, spürte sie den ziehenden Schmerz. Er kroch ihr aus dem Kreuz in den Bauch und von dort zwischen die Beine, beeinträchtigte die Laufgeschwindigkeit und hätte sie fast gezwungen stehenzubleiben, um sich an die Wand zu lehnen. Genau in diesem Augenblick hörte sie Eckard Fuhrgeber. Sie solle warten, rief er, stehenbleiben, er habe mit ihr zu reden. Darauf lief sie erst richtig los, verzichtete auf den Fahrstuhl und stolperte mehr, als sie rannte, die Treppen hinunter. Kein Blick zurück, nur vorwärts und weg, so schnell sie konnte. Als sie merkte, daß sie dadurch auffiel, ging sie langsamer, so schwer ihr das auch fiel. Trotz der Schmerzen im Bauch wünschte sie sich im Augenblick nichts sehnlicher, als aus eigener Kraft im Laufschritt nach Hause zu rennen. Nur keine Menschen antreffen, die ihr vielleicht ansahen, daß sie vergewaltigt worden war, den Nachbarn im Bus anstießen und sagten: »Guck mal die, fällt dir an der nichts auf?« Und der Nachbar würde sagen: »Na klar, der sieht man doch auf hundert Meter an, was die für eine ist.« Und was war sie für eine? Eine, die, hinter dem Rücken ihres Mannes und unter dem fragwürdigen Vorsatz, Arbeit zu suchen, einen Fremden in seiner Wohnung aufsuchte und das gleich zweimal hintereinander, obwohl sie die erste Begegnung hätte genügend warnen müssen. Lachten die Kinder? Zeigte jemand mit dem Finger auf sie? Und der Pfiff, einer der Männer, die dort am Kiosk standen, galt der ihr? Wichen die Frauen ihrem Blick aus? Nele spürte, wie ihr die Hysterie den Verstand trübte und die Gedanken verkürzte. Nichts ließ sich in ihrem Kopf zu Ende denken, alles versank in dem schrecklichen Gefühl tiefster Erniedrigung, zu der sie selbst beigetragen hatte. Da half auch ihr Spiegelbild nicht, das aus den Schaufenstern auftauchte. Sie konnte nichts an sich feststellen, was auf Eckard Fuhrgebers Verbrechen hinwies. Die zerrissene Bluse war unter der Jacke gut versteckt, und die Sonne schien warm genug, um ohne Strümpfe gehen zu können. Trotzdem bildete sie sich ein, alle Blicke auf sich zu ziehen. Vielleicht war der eben an ihr ausgeführte Geschlechtsverkehr in ihrem Gesicht ablesbar, oder roch sie danach? Schleppte sie etwa diese süßlich dumpfe Witterung hinter sich her und brachte damit die Leute gegen sich auf? Wie um Gottes willen sollte sie in einen Bus oder in ein Taxi steigen können? Sie wußte, daß sie mindestens eine Stunde Fußmarsch vor sich hatte. Fiel die Sonne vom Himmel, tanzten die Bäume am Straßenrand? Nele wurde schwarz vor den Augen, und eine junge Frau wollte wissen, ob ihr nicht gut sei.

»Danke, es geht schon.« Zwei Atemzüge lang war sie drauf und dran, der Fremden zu sagen, was ihr zugestoßen war, um Hilfe zu bitten oder vielleicht auch um eine Begleitung im Bus zum Schutz vor Blikken und Bemerkungen, als die fremde Frau kurz mit den Schultern zuckte und wortlos weiterging. Vielleicht fiel wirklich die Sonne vom Himmel, und die Bäume tanzten am Straßenrand.

Nele blieb gar nichts anderes übrig, als sich ein Taxi zu nehmen. Tief in die Ecke gedrückt, um der Beobachtung des Fahrers im Rückspiegel zu entgehen, hockte sie mit gesenktem Blick im Fond des Wagens. Wie sollte sie Max berichten, was passiert war? Mit welchen Worten war was zu beschreiben und was nicht? Vor allem aber, würde er ihr glauben? Jedesmal, wenn sie mit ihren Überlegungen an diesem Punkt angelangt war, kamen ihr Tränen, die ihr die Wut wegwischten, den Zorn über den Mann, der ihre Absicht, sich auf eigene Füße zu stellen, auf so bestialische Weise mißbraucht hatte, und machten ihrem schlechten Gewissen Platz. Es kroch ihr in den Nacken, über den Rücken, bis hinunter in die Zehen. Es sträubte ihr das Haar, lag ihr auf der Zunge und setzte sich unter den Fingernägeln fest. Es war zu riechen, zu schmecken, an der zerrissenen Bluse zu sehen, an Eckard Fuhrgebers Worten zu hören gewesen und hatte auf diese Weise in ihr ein Gefühl der Schuld erzeugt, das sie nicht mehr los wurde.

Als sie ihre Wohnung betrat, fiel ihr erster Blick auf den Garderobentisch. War Max schon da, müßten seine Schlüssel dort liegen. Aber sie lagen nicht da. Es gab keinerlei Anzeichen, daß er zu Hause war. Nele atmete auf, fast hätte sie wieder zu weinen begonnen. Da hörte sie die Stimmen von Robert und Betty im Wohnzimmer, hörte sie lachen und herumtoben. Wahrscheinlich hatten beide alles in maßlose Unordnung versetzt, das Zimmer umgeräumt, aus Stühlen, Sesseln und Tisch Verstecke gebaut, die sie zu Schlössern oder Höhlen erklärten. Nele kannte das, wußte auch, daß Robert nach der Rückkehr der Mutter mit deren Mitspiel rechnete, bis sie alle gemeinsam jedes Möbel an Ort und Stelle rückten, damit Ordnung herrschte, wenn der Vater nach Hause kam. Neles Bestreben war, unbemerkt an den beiden vorbeizukommen. Nur nicht spielen, nicht lachen müssen oder Bettys Fragen ausgesetzt sein. Aber so leise sie auch war, Robert hatte die Mutter gehört und stürmte ihr jubelnd entgegen, es gab kein Ausweichen. Sie mußte das Durcheinander, das Robert für einen Zauberberg erklärte, bewundern, sie mußte sich verstecken und suchen lassen. Aber was ihr noch unerträglicher schien, waren die Umarmungen des Kindes, die kleinen festen Küsse, die sie nicht wie sonst erwiderte, sondern sich ihnen zu entziehen versuchte.

»Was hast du, Mama?«

»Nichts, komm laß uns aufräumen, Papa kommt gleich.«

Nele wußte nicht, ob ihre Stimme sie verriet, Betty nicht merkte, daß sie ihre Jacke anbehielt, keine Strümpfe trug und ihre Bewegungen an Fahrigkeit zunahmen. Aber Betty schenkte der Freundin auch keine Aufmerksamkeit, sie fragte nicht nach dem Architekten Fuhrgeber und nicht nach dem Verlauf des ersten Arbeitstages. Betty war mehr mit sich und dem beschäftigt, was sie Nele mitzuteilen hatte. Laut Test sei sie schwanger, das habe sie heute in der Apotheke erfahren. Nele wurde kalkweiß, an eine Schwangerschaft hatte sie bisher noch nicht gedacht. Aber auch diese Veränderung nahm Betty an der Freundin nicht wahr, konnte sie vielleicht auch nicht wahrnehmen, weil sie Nele um den Hals fiel.

Endlich sei der jahrelangen Zeit des Wartens ein Ende gesetzt und ihr sehnlichster Wunsch in Erfüllung gegangen. Nele möge Verständnis dafür zeigen, wenn sie, Betty, jetzt nicht mehr mit aufräume, sondern so schnell wie möglich zu Frank wolle, um ihn von der glücklichen Botschaft in Kenntnis zu setzen. Noch eine Umarmung, noch ein Kuß, als bestünde die Welt nur aus körperlichen Berührungen, und Betty war draußen. In die Stille hinein, die sie hinterließ, fragte Robert ein zweites Mal, nur sehr viel leiser, was mit der Mutter denn los sei. Er kam auf sie zu, vielleicht um sie zu umarmen oder zu streicheln, Nele wußte es nicht. Hartnäckig suchte er ihre Nähe, stand schon ganz dicht vor ihr, als sie ihn anschrie, er möge sie in Ruhe lassen. Dann lief sie ins Bad, zog sich aus und stellte sich unter die Dusche. Robert begriff das nicht. Um diese Zeit duschte die Mutter nie. Er hörte sie auch nicht singen, nicht nach ihm rufen, er hörte nur das nicht endende Plätschern des Wassers. Ganz langsam begann er, allein aufzuräumen, rückte den Tisch dahin zurück, wo er hingehörte, die Stühle, den Sessel. So recht gelang es ihm allerdings nicht, die alte Ordnung wieder herzustellen. Aber Mama sollte sehen, daß er sich bemüht hatte. Dann zog er sich ebenfalls aus, legte Stück für Stück seiner Kleidung über den Stuhl in seinem Zimmer, lief ins Bad und schob leise die Tür der Duschkabine zurück. Erst wollte er sich wie gewöhnlich jubelnd unter den Wasserstrahl stürzen, um die Mutter zu überraschen, wußte, daß sie ihn dann auf den Arm nahm und sie sich gemeinsam das Wasser über Gesicht und Haar laufen ließen. Aber heute traute er sich nicht. Er sah nur der Mutter zu, wie sie sich wusch. Sie hörte gar nicht auf, bedeckte immer wieder ihren Körper mit Seifenschaum, auch ihr Gesicht, und die Hände fuhren jetzt schon zum drittenmal mit der Seife zwischen ihre Beine. Was noch ungewöhnlicher war, die Mutter hatte die Augen geschlossen, und wäre ihr Gesicht nicht vom Wasser naß, Robert würde behaupten, sie weine. Merkwürdig schief stand sie da, so, als wenn sie sich an all den Stellen, die doch längst sauber sein müßten, nicht schnell und gründlich genug waschen könne. Ganz vorsichtig schob er seinen Fuß über den Rand der Duschwanne und war schon im Begriff, sich durch den schmalen Spalt der Türe zu schieben, als Nele ihn anschrie, er möge verschwinden. Sie drohte, und einen Augenblick dachte das Kind, die Hand der Mutter führe mit all dem Seifenschaum in sein Gesicht. Und weil er noch nie geschlagen worden war, lief er nicht weg, sondern blieb stehen, fassungslos, mit ausgestreckten Armen.

»Raus«, schrie Nele in einem Ton, der Robert so unheimlich war, daß er, so schnell er konnte, aus dem Bad zurück in sein Zimmer flitzte, um sich dort wieder anzuziehen.

Nele hatte Robert nicht gehört. Als das Kind nackt vor ihr stand und auf den Arm genommen werden wollte, sah sie nichts weiter als sein kleines Geschlecht, das in ihrer Fantasie an Größe zunahm, plötzlich dem von Eckard Fuhrgeber glich und nichts mehr mit Robert zu tun hatte. Es hätte nicht viel gefehlt, und der Junge wäre ein Opfer ihrer absurden Wahnvorstellungen geworden.

Viel zu lang stand sie schon unter der Dusche, auch das Abendbrot hatte sie noch nicht vorbereitet, und jeden Moment würde Max nach Hause kommen. Aber es nützte alles nichts, sie fing sich schon wieder an zu waschen, das Wasser konnte nicht heiß genug sein.

Wie immer, wenn Max die Wohnungstür aufschloß, freute er sich auf die Begrüßung. Er liebte seine kleine Familie, sein Zuhause und die Ordnung, die darin herrschte. Es konnte passieren, daß er schon mitten in einer Gerichtsverhandlung an den Augenblick der Heimkehr dachte. Dann befiel ihn ein Gefühl tiefer Geborgenheit. Oft hatte er Nele gegenüber behauptet, daß ihm das Kraft für seine Arbeit im Gericht gäbe, Geduld und vor allem Energie. Heute fand keine Begrüßung statt. Sofort fiel ihm im Wohnzimmer eine Veränderung auf. Erst wußte er nicht, was es war. Er brauchte eine gewisse Zeit, bis er feststellte, daß die Möbel schief standen. Nicht sehr, aber immerhin so, daß die übliche Ordnung gestört war. Jetzt hat sie schon nichts weiter zu tun, als den Haushalt zu führen, dachte Max, und dann finde ich die Wohnung in diesem Zustand vor. Zu der Enttäuschung, von Frau und Sohn nicht empfangen worden zu sein, gesellte sich Ärger. Schon wollte er die Tür zum Bad aufreißen und eine Bemerkung machen, die es in sich haben sollte, als er sich eines Besseren besann. Er riß nicht die Badezimmertür auf, er überlegte sich auch keine spitze Bemerkung, er begann selbst aufzuräumen. Als jetzt Robert im Wohnzimmer auftauchte und sich über die Mutter beschwerte, war es Max, der das Kind umarmte und tröstete.

Und Nele? Natürlich hatte sie gehört, wie Max nach ihr rief, sie hatte auch antworten wollen, aber es war ihr nicht gelungen. Das lauwarme Wasser hatte ihr den Mund gefüllt und jedes Wort ertränkt, ihre Hände waren unter das nasse Haar bis zu den Ohren geglitten, um sie zuzuhalten, wer weiß wie lang. Als sie endlich den Mut fand, die Hähne abzudrehen und aus der Dusche zu steigen, war ihre Haut ausgelaugt, an Füßen und Händen weißlich, als habe man sie tot aus dem Meer geborgen. Kein Blick in den Spiegel, auch nicht während des Fönens der Haare, und trotz des warmen Sommerabends zog sie Jeans und eine langärmelige Bluse mit hochgeschlossenem Kragen an.

Es wurde eine wortkarge Mahlzeit, bei der keine Stimmung aufkam, sosehr sich Max auch bemühte. Ihre Begrüßung war flüchtig ausgefallen, und für das von ihm und Robert zubereitete Abendbrot hatte sie weder Anerkennung noch Dank gefunden. Stumm hatte sie sich an den Tisch gesetzt und zu essen begonnen, verwundert, daß sie überhaupt einen Bissen hinunterbrachte. Nur nicht reden, nur keine Fragen. Aber die kamen unerbittlich und abwechselnd von Max wie von Robert. Was hast du, wollten sie wissen, ob sie krank oder etwas passiert sei. Vielleicht habe sie jemand geärgert, rätselten sie weiter, etwas verloren oder hätten Vater und Sohn gar etwas falsch gemacht, Nele verletzt und dadurch ihr Schweigen hervorgerufen? Keine Antwort. Da wurden die Fragen kürzer, die Stimmen lauter und die Geduld schlug in Ungeduld um.

Für Launenhaftigkeit, sagte Max und schob den halbvollen Teller zurück, für Launenhaftigkeit und Marotten habe er, wie ihr hinlänglich bekannt sein sollte, kein Verständnis. Nele ahnte, gleich würde er aufstehen und gehen, vielleicht sogar die Tür hinter sich zuknallen. Andererseits bedurfte es nur eines Wortes von ihr, um ihn zu beschwichtigen, eines einzigen Wortes, das ihr es vielleicht ermöglichen würde, ihm zu erzählen, was ihr zugestoßen sei. Aber das Wort wollte sich nicht finden lassen. Es saß irgendwo tief in ihr drin, schwer wie ein Stein und zugeschüttet mit Angst und schlechtem Gewissen. Nicht einmal ansehen konnte sie Max. Keine Geste des Vertrauens brachte sie fertig. Fremd, steif, wie ausgestopft saß sie auf ihrem Stuhl, mit nichts anderem beschäftigt als mit dem, was ihr Eckard Fuhrgeber angetan hatte, und nicht in der Lage, Max davon abzuhalten, aufzustehen. Sein Stuhl kratzte über den Küchenfußboden und zog Spuren ins gebohnerte Holz. Auch die Tür knallte er hinter sich zu. Zurück blieb sein Zorn, den das Kind jetzt aufnahm, als sei es ein Auftrag des Vaters.

»Du bist gemein«, schrie es die Mutter an, »böse und gar nicht lieb.« Auch das brachte Nele nicht zum Reden. Und weil sich Robert nicht mehr anders zu helfen wußte, sprang er ebenfalls vom Tisch auf, nur daß der Stuhl dabei umfiel. Er hob ihn auch nicht auf, sondern ließ ihn liegen und lief in sein Zimmer und warf sich aufs Bett, um sich die Kopfhörer seines Walkman über die Ohren zu stülpen.

Wie still das plötzlich in der Küche war, wie schrecklich still. Der umgekippte Stuhl lag da, als sei er aus einem Bild gefallen. Die nur zur Hälfte geleerten Teller signalisierten Unruhe und die Tatsache, daß hier die Dinge durcheinandergeraten waren.

Und trotzdem konnte Nele nicht bis in die Nacht stumm und unbeweglich am Tisch sitzenbleiben. Also stand sie auf, und mit dem Geräusch, das sie dabei verursachte, vielleicht auch mit der Bewegung ihres Körpers, kam ihr das Wort über die Lippen, nach dem sie vorhin so gesucht hatte. Jetzt war es da und blieb von Max ungehört zwischen den vier Küchenwänden hängen. Es war nicht zu verstehen, veränderte sich ständig wie die Zahlen eines Würfels, der immer aufs neue über den Tisch geworfen wird. Jedesmal hätte es der Anfang ihres ungeheuerlichen Berichtes sein können. So leise wie möglich schob sie die Teller zusammen, stellte den Stuhl auf, räumte die Spülmaschine ein und setzte sich ins Wohnzimmer. Später sagte sie Robert gute Nacht, ohne das Kind wie sonst zu küssen.

Noch am gleichen Abend tauchte Eckard Fuhrgeber bei Erika Zilke auf. Sogar Blumen brachte er mit. Keinen sehr großen Strauß, aber immerhin eine Geste der Versöhnung, die in ihr ein Triumphgefühl auslöste.

»Du denkst wohl, jetzt ist alles wieder vergessen«, sagte sie und stellte die Blumen, ohne sie aufzubinden, in die Vase. »Du denkst wohl, jetzt ist alles wieder gut, was?«

Sie brauchte ihn nicht anzusehen, sie wußte auch so, daß er lächelte, und sie wußte auch, daß er es heute zu keinem Streit kommen lassen würde, egal, was sie zu ihm sagte. So war er nun mal.

»Glaubst du wirklich«, hakte sie nach, »glaubst

du wirklich, du kannst mit mir umspringen, wie es dir paßt?«

Eckard Fuhrgeber antwortete leise, daß er das tatsächlich glaube. Danach machte er sich in Erika Zilkes Haushalt nützlich. Auch das wußte sie im vorhinein. Und während die Lammkeule im Blätterteig schmorte, kam er der schon mehrmals geäußerten Bitte nach, den Schlauch in der Dusche auszuwechseln. Jeden Handgriff führte er mit Umsicht aus, und als ein paar Wassertropfen danebenspritzten, wischte er sie mit hausfraulicher Sorgfalt von Kacheln und Fußboden weg.

Dabei pfiff er ein Liedchen, es war kaum zu glauben, und als Erika Zilke ins Badezimmer kam, um seine Arbeit zu begutachten, klopfte er ihr unversehens mit dem Handrücken auf den Hintern. Das wiederum hatte sie nicht vorausgeahnt. Sie kicherte erschrocken auf, fuhr herum und glotzte Eckard Fuhrgeber an.

»Was soll das denn?« fragte sie überrascht. Ihr ständig zum Spötteln neigender Blick kam ins Flattern, glitt auf seinem Gesicht hin und her, suchte nach Ernsthaftigkeit und Hoffnung.

»Du wirst doch nicht etwa...«, begann sie leise, stand ganz still, brachte den Satz nicht zu Ende und hätte beinah nach seinen Händen gefaßt.

»Doch«, sagte er ebenso leise. Nur daß sie seinen Hohn, der in dem kleinen Wort saß, nicht hörte und ihn auch nicht seinen Augen ablesen konnte, da er sein Handwerkszeug aufzuräumen begann. Plötzlich griff sie doch zu und hielt seine Arme fest, als fehlte ihr der Halt unter den Füßen. So standen sie dicht voreinander, nur den in der Wohnung hängenden Duft der in Blätterteig schmorenden Lammkeule zwischen sich. Überraschend grob löste sich Eckard Fuhrgeber aus Erikas Umklammerung. Von Zärtlichkeit keine Spur, und sie begriff, daß sie ihm mal wieder auf den Leim gegangen war.

»Auch wenn du mir's nicht glaubst«, sagte er, »aber ich werde dir deine Gardinen abnehmen. Das war es doch, was du von mir wolltest, nicht wahr?«

Mit der Sicherheit, mit der sie vorhin sein Lächeln vorausgeahnt hatte, auch seine Absicht, sich in ihrem Haushalt nützlich zu zeigen, wußte er jetzt, daß ihr Tränen der Kränkung und Schmach in die Augen traten. Zufrieden pfiff er abermals vor sich hin, holte die Leiter und machte sich an die Arbeit.

Als Max spät am Abend nach Hause zurückkehrte, lag Nele schon im Bett. Erst hatte sie auf ihn warten wollen, um sich bei ihm für ihr ungewöhnliches Verhalten zu entschuldigen. Kopfschmerzen habe sie gehabt, hatte sie sagen wollen, oder eine Depression, aus der kein Weg herauszufinden gewesen sei. Aber es war ihr nicht gelungen, sich auf irgendwelche Ausreden zu konzentrieren. Je länger sie allein im Wohnzimmer auf dem Sessel saß, um so öfter wiederholte sich in ihrer Vorstellung die Abfolge der Vergewaltigung durch Eckard Fuhrgeber. Immer deutlicher, immer lauter hörte sie die Schritte, als er hinter ihr durch den Flur gelaufen war, und im Gegensatz zum Nachmittag spürte sie wieder und wieder den Schmerz beider Ohrfeigen, von denen sie schon die erste gefügig gemacht hatte. Sie sah Ekkard Fuhrgeber in seiner Nacktheit mit seinem aufrechten Glied in den Ecken des Zimmers stehen, hinter dem Sofa, an der Tür, von wo er sich gleich auf sie werfen würde. Er stieß in sie hinein und nagelte sie ein für allemal fest. Da war nichts zu machen, auch wenn Nele alle Lampen einschaltete, die Türen verriegelte und das Fenster schloß. Eckard Fuhrgeber erschien immer wieder, war zu hören, zu sehen und zu spüren. Selbst der Nachrichtensprecher im Fernsehen verwandelte sich in ihn, ließ Nele nicht aus den Augen, drohte und würde sich gleich vom Bildschirm weg ihrer bemächtigen. Immer mehr wünschte sie sich, daß Max nach Hause käme, um ihr die Angst zu nehmen und sie zu beschützen. Und damit war sie wieder bei den Ausreden und Vorwänden, die sie brauchte, um Max nicht sagen zu müssen, was er ihr vielleicht nicht glauben würde. Ein ständiger Kreislauf ihrer verzweifelten Gedanken, denen sie kein Ende zu setzen wußte, bis sie ins Bett ging, wo das Ausmaß des Geschehens zwischen Schlaf und Wachsein in der Fantasie ihrer Träume zunahm.

Max hatte getrunken. Nicht viel, aber sie hörte es an der Art, wie er die Wohnung betrat, die Türen schloß und sich im Bad bewegte. Alles, was er tat, war zu laut, zu langsam und durch Pausen unterbrochen, in denen er zu horchen schien, ob Nele auf ihn gewartet hatte.

Aber da ihr noch immer keine plausible Lüge für ihr Schweigen während des Abendbrotes eingefallen war, stellte sie sich schlafend. Sie hörte, wie er sich auszog, hörte das Rascheln seiner Kleider, die er über den Stuhl legte, und merkte mit Entsetzen, daß er jetzt nackt unter die Decke schlüpfte. Der Schweiß brach ihr aus den Poren, die Handflächen wurden naß, und ihre Knie preßten sich schmerzhaft aufeinander. Sie rührte sich nicht, und sie mußte die Zähne zusammenbeißen, um nicht in Panik zu geraten.

»Komm«, flüsterte Max, »kommt her zu mir. Wir wollen uns wieder vertragen.«

Weil sie sich nicht bewegte, sich nach wie vor schlafend stellte, rückte er näher, bis er dicht neben ihr lag und sie seine Erregung zu spüren bekam. Darauf verwandelte sich auch Max in Eckard Fuhrgeber, wurde übermächtig und groß, griff nach ihr und drohte sie zu durchstoßen. Mit einem Satz sprang Nele aus dem Bett und lief aus dem Zimmer. Max rief ihr hinterher, sie möge bleiben, wo der Pfeffer wachse. Wütend klang seine Stimme, gekränkt, und Nele konnte froh sein, daß er zu angetrunken war, um sie zur Rede zu stellen. Als er endlich eingeschlafen war, holte sie sich Kissen und Decke und machte sich im Wohnzimmer auf dem Sofa ein Lager. Obwohl sie alle Lampen angeknipst hatte, tauchte aus dem Schatten die Angst auf, kroch ihr ins Hirn und ließ nichts anderes als Verzweiflung zu. Erst während der heraufziehenden Dämmerung fand sie einen flüchtigen Schlaf, und mit den ersten Alltagsgeräuschen stand sie auf, ging ins Bad und begann, sich abermals zu duschen.

Das Frühstück verlief ähnlich schweigsam wie das Abendbrot des Vortages. Max war beleidigt. Neles nächtliche Abweisung und ihr kommentarloser Auszug aus dem gemeinsamen Schlafzimmer hatten ihn tief gekränkt. Seine anfänglich nutzlose Bemühung herauszufinden, was Nele so verändert haben könnte, und die daraus folgende Verständnislosigkeit für ihr sonderbares Verhalten wichen schließlich einem rechtschaffenen Zorn. Es fehlte nicht viel, und er hätte Nele an den Schultern gepackt und geschüttelt. Zu Bitten war er nicht mehr fähig. Was auch immer in sie gefahren sein mochte, mit dieser Tour, wie er sich ausdrückte, mit dieser Tour komme sie nicht weit.

»So nicht«, schrie er sie schließlich an, ohne sich zu verabschieden, »nicht mit mir.«

Er sah nicht, daß sie weinte, und er hörte nicht, daß sie ihm hinterherlief. Er war ganz und gar mit seiner Wut beschäftigt, die er mit in den Tag nahm und die er, so wie es aussah, am Abend wieder mit nach Hause bringen würde.

Nachdem Nele Robert in den Kindergarten gebracht hatte, fing sie an zu putzen, obwohl kein Staubkörnchen in der Wohnung zu finden gewesen wäre. Sie polierte die Möbel, bohnerte den Fußboden in der Küche, wienerte die Chromstangen im Bad, die Fenster, die Türen. Es war lächerlich, wie sie sich bemühte, vor allem, mit welcher Gründlichkeit sie dieser überflüssigen Arbeit nachging, sich keine Pause gönnte und sich dabei nicht scheute, auf allen vieren auch in den letzten Winkel zu kriechen. Wahrscheinlich hätte sie Max noch am Abend in diesem Putzwahn vorgefunden, wenn Betty nicht im Laufe des Vormittags gekommen wäre. Betty, die mit Tüten bepackt vom Einkauf zurückkam und vergeblich auf die Freundin wartete, die ihr fest versprochen hatte, bei den Vorbereitungen zu Franks Geburtstagsparty zu helfen. Das Läuten der Türglocke erschreckte Nele. Es schien gar nicht aufzuhören und wurde immer lauter. So konnte nur Eckard Fuhrgeber läuten. Ohne sich dessen bewußt zu werden, daß er weder ihre Adresse hatte, noch ihre Telefonnummer, also auch gar nicht vor ihrer Tür stehen konnte, glaubte sie, sich durch nichts verraten zu dürfen. Mitten in der Bewegung hielt sie inne. Den Arm mit dem Putzlappen in der Hand weit über dem Tisch ausgestreckt, wirkte sie in ihrer Starrheit wie eine umgekippte Schaufensterpuppe. Sie wagte kaum zu atmen, ihr Herzschlag dröhnte, und ganz langsam begannen ihre Zähne zu klappern. Jetzt schlug auch noch eine Faust an die Tür, es klopfte, und Nele glaubte vor Angst wahnsinnig zu werden. Da endlich hörte sie Bettys Stimme. Schritt für Schritt schleppte sich Nele zur Tür und ließ die Freundin herein.

»Warum läßt du derart lange auf dich warten«, rief Betty empört, »du wolltest mir doch helfen, oder hast du Franks Geburtstag vergessen?« Und weil Nele nicht gleich antwortete, fügte Betty kokett hinzu, daß sie schwanger sei und eigentlich Rücksicht erwarten könne. Immer noch keine Antwort. Übernächtigt und stumm, mit ihrem Putzlappen in der Hand stand Nele da, ein Bild des Jammers, das Betty nur langsam begriff.

Der Umstand, daß Nele endlich das erste Wort ihres Berichtes fand und erzählen konnte, was ihr Schlimmes passiert war, lag allein daran, daß Betty keine Fragen gestellt, sondern sie schweigend in den Arm genommen hatte. Sie ließ die Freundin auch nicht los, als Nele mühsam und stockend Satz an Satz reihte, bis alles ausgesprochen war; die Gewalt, die Angst, die Erniedrigung, die Scham, die Machtlosigkeit, der Schmerz und die Verzweiflung.

»Und Max«, fragte Betty, als Nele am Ende ihrer Geschichte angelangt war, »was sagt Max?«

»Er weiß es nicht.« Sie erinnerten sich später beide nicht mehr, wie lange Betty auf Nele eingeredet hatte. Betty wußte nur, daß keines ihrer Argumente die Freundin überzeugt hatte. Nicht einmal einen Arzt wollte Nele aufsuchen, geschweige denn Ekkard Fuhrgeber bei der Polizei anzeigen. Ebensowenig gelänge es ihr, Max zu erzählen, was geschehen war. Wie sollte sie es da fremden Menschen sagen können? Nele hatte laut und hysterisch zu lachen begonnen. Betty möge sich doch einmal vorstellen, wie Max reagieren würde. Max, der nicht gewünscht habe, daß sie eine Schreibarbeit annehme, Max, der ihr keine Selbständigkeit zutraute, vielleicht nicht einmal Selbstbewußtsein, ausgerechnet der würde sich doch durch das, was passiert war, in seiner Meinung von ihr nur bestätigt fühlen. Oder, ihr Lachen ging jetzt in Weinen über, er würde ihr nicht glauben, er würde sie für Eckard Fuhrgebers Gewalttat verantwortlich machen und behaupten, sie habe sich durch dessen merkwürdige Kostümierung bei ihrem ersten Besuch nicht von dem zweiten abhalten lassen und auf diese Weise den Mann provoziert. Es war nichts zu machen, Nele ließ sich nicht umstimmen und nahm obendrein Betty das Versprechen ab, wie ein Grab zu schweigen. Sie müsse, hatte Nele gesagt, mit der Sache selbst fertig werden, egal wie.

»Indem du wie besessen putzt, die Tür nicht öffnest, vor Angst und Scham halb verrückt wirst und nachts nicht mehr neben Max im Bett liegen kannst? Das nennst du mit dem Verbrechen, das dieser Mann an dir begangen hat, fertig werden?«

Betty kam es vor, als höre Nele gar nicht zu. Zumindest reagierte die Freundin auf keine der Fragen und fing statt dessen wieder an, mit ihrem Putzlappen herumzufuhrwerken, und polierte die längst blitzblanke Tischplatte.

»Und du willst mich wirklich im Stich lassen und mir nicht helfen, Franks Geburtstagsparty vorzubereiten?« fragte Betty schließlich.

Das schien Nele zur Vernunft zu bringen. Sie faßte sich an den Kopf, als gäbe es nichts Wichtigeres als eben diese Festvorbereitung, entschuldigte sich und fiel Betty um den Hals.

»Verzeih mir.«

Von da an war Nele nicht mehr bereit, noch einmal auf das Thema einzugehen, sosehr sich Betty auch bemühte.

»Dann versprich mir wenigstens, heute abend nicht plötzlich zu Hause bleiben zu wollen«, sagte Betty endlich, »denn wenn du allein bist, wird alles für dich nur noch schlimmer.« Und um auf Nummer Sicher zu gehen, brachte Betty am Spätnachmittag das froschgrüne Kleid herüber, legte es Max, der die Tür öffnete, über den Arm und behauptete, es sei für Nele, sie wolle es der Freundin leihen.

»Für wen«, fragte Max verdutzt, »für wen soll Nele

das denn anziehen?« Und Betty hatte geantwortet: »Für dich, für wen sonst.«

Und da es tatsächlich so war, daß er seine Wut, die er am frühen Morgen mit in den Tag genommen hatte, am Abend auch wieder nach Hause trug, hängte er das froschgrüne Kleid kommentarlos an den Kleiderschrank. Kein Wort der Bewunderung, kein Zeichen der Überraschung oder Mißbilligung, nicht einmal eine Frage. Nur Spott zeigte sich in seinem Gesicht und hüpfte in den Mundwinkeln auf und ab.

Sofort ließ Nele das Kleid im Schrank verschwinden. Max holte es wieder hervor, zupfte am Rock und am Dekolleté, während ihm der Spott jetzt von den Mundwinkeln in die Stimme glitt. Sie möge das Fummelfähnchen ruhig anziehen, sagte er, vielleicht gäbe ihm das die Möglichkeit, seinen Ärger über sie zu vergessen und sich zu amüsieren. Dabei nahm er das Kleid vom Bügel, warf es ihr zu und verließ das Zimmer.

Ich muß es anziehen, dachte Nele, ich muß es anziehen und auf das Fest gehen, als sei nichts mit mir geschehen. Ich muß eine Ausrede für den Schmerz finden, den der Architekt Eckard Fuhrgeber mir zugefügt hat. Ich muß meine Erniedrigung wegtanzen und lernen, über meine Angst zu lachen. Ich darf mich nicht ernster nehmen, als ich bin.

Weiter dachte Nele nicht. Mit seltsam mechanischen Bewegungen begann sie, sich umzuziehen. Es sah aus, als verrichte sie eine ihr aufgetragene Arbeit, die sie wenig interessierte. Jeder Handgriff verlief im gleichen Tempo, egal, ob sie etwas aus- oder anzog. Kein Blick fiel in den Spiegel. Genausogut hätte sie weiterputzen können. Als sie fertig war, kam Robert herein, wollte sehen, wie sich die Mutter zurechtgemacht hatte, um sie bewundern zu können.

»Und Papa«, fragte Nele leise, »wo ist Papa?«

Er sei schon bei Onkel Frank und Tante Betty, denen er helfen wolle, sagte Robert und umkreiste die Mutter mit großen Augen. »Wie schön du bist, Mama!«

Und weil sie nichts sagte, ihm nicht wie sonst über den Kopf strich, stellte er endlich die Frage, die ihm schon den ganzen Nachmittag auf dem Herzen lag, die ihn bedrängte und ihm Angst einjagte, nicht mehr Mamas einziger, liebster und bester Robert zu sein. Viel Mut brauchte er, und er verschränkte deshalb seine Hände auf dem Rücken, während er die Arme seitlich gegen den Brustkorb preßte, als müsse er jedes Wort einzeln aus dem Körper drücken.

»Bekommst du jetzt auch ein Baby wie Tante Betty?«

Robert, der sich nichts Schlimmeres vorstellen konnte, als sich Vater und Mutter mit einem Bruder oder Schwester teilen zu müssen, hatte auf ein Nein gehofft, aber keineswegs mit diesem, ihm unverständlichen Ausbruch der Mutter. Er hatte die Frage noch gar nicht zu Ende gestellt, da griff sie sich schon an den Kopf, als müßte der auseinanderplatzen. Ihr Gesicht wurde kreidebleich, und sie stöhnte, wie er es noch nie gehört hatte. »Mama«, sagte Robert erschrocken, »Mama, was hast du denn schon wieder?« Aber Nele brachte nichts weiter als dieses

Stöhnen zustande. Roberts Frage hatte ihre Fantasie in Bewegung gesetzt. Der froschgrüne Stoff verlor plötzlich an Form und Schick, überdeckte nur noch mühsam ihren aufgeblähten Leib, wurde feucht und glitschig, machte Nele zu einer unförmigen Fröschin und hatte nichts mehr mit dem Kleid zu tun, das sie sich in der Boutique ausgesucht hatte. Nur die Farbe blieb, legte sich nässend auf Arme und Beine, zog über Schultern und Hals, vielleicht bis hinauf ins Gesicht. Dann platzte das Kleid, das zur Haut geworden war, und heraus kroch schlüpfrig und eine Spur hinter sich herziehend milchweiß ein Frosch, auf dessen Rücken sich eine starke, durch den Geburtsvorgang verklebte Behaarung zeigte. Ganz und gar außer sich lief Nele ins Schlafzimmer zurück, riß sich das froschgrüne Kleid vom Leib, riß es in Fetzen und Streifen, bis nichts mehr zu erkennen war, und warf die Reste in eine Schachtel.

»Das schöne Kleid«, rief Robert, der ihr gefolgt war, »was machst du bloß mit dem schönen Kleid.«

Nele beruhigte sich, hob langsam, wie über sich selbst verwundert, die Schultern und sagt: »Ich weiß es auch nicht.«

Robert wollte nun wissen, was die Mutter statt dessen anzuziehen gedenke. Schließlich sei bei Tante Betty ein Fest, sagte er altklug, und zu Festen müsse jeder Mensch ein Festtagsgewand tragen. Mißtrauisch geworden, die Mutter könne abermals eins ihrer Kleider zerreißen, ließ er sich auch nicht aus dem Schlafzimmer schicken. Er wich Nele nicht von der Seite, beobachtete stumm, wie sie seiner Meinung nach viel zu lang vor dem Schrank stand, und schwieg auch, als sie sich endlich für ein dunkles, unscheinbares Kleid entschied. Auch schminkte sie sich nicht wie sonst, und ihre Haare kämmte sie so straff zurück, daß ihr Gesicht noch blasser wirkte und, wie Robert fand, auch ein bißchen unheimlich. Kein Wunder also, daß er im Gegensatz zu vorhin nicht mehr stolz auf sie war und auch nicht bei ihr blieb, als sie gemeinsam auf der Party erschienen, sondern sich lieber nach seinem Vater umsah.

Neles zu brav geratene Erscheinung hatte zur Folge, daß sie im Durcheinander der Begrüßung von den meisten der Gäste übersehen wurde. Das war ihr nur recht. So brauchte sie sich nicht zu unterhalten, mußte nicht reden, nicht lächeln, niemandens Hand berühren oder Wangen küssen. Natürlich wurde sie von dem einen oder anderen der Bekannten begrüßt, vielleicht auch verwundert betrachtet, nur beließ man es vorerst bei der Begrüßung, ging lieber seiner Wege und wandte sich unauffällig anderen Gästen zu. In diesem Aufzug und mit diesem Gesicht versprach Nele für den Beginn einer Party wenig Amüsement. Fragen gab es keine, auch von den Frauen nicht. Wie schöne Schaufensterpuppen standen sie herum, nur daß sie lachten und tranken, sich mit den Augen in die Blicke der Männer schlichen und ihre Hände ständig in Bewegung hielten. Sie warfen die Köpfe hin und her, überprüften gegenseitig ihre Kleider, ihre Frisuren, den Nagellack, den Schmuck und die Schuhe an ihren Füßen. Sie sonderten aus, bewunderten und beneideten alles blitzschnell und mit einem Blick.

»Mein Gott«, sagte Betty, die erst jetzt aus der Küche kam und die Freundin anstarrte, »mein Gott, wie siehst du denn aus.«

Nele versuchte, erst gar keine Erklärung abzugeben, und fragte statt dessen, ob sie Betty behilflich sein könne. Aber die reagierte ärgerlich, wies mit dem Kopf kurz auf Max und sagte: »Es wird besser sein, wenn du dir selbst hilfst.« Nele wußte nicht, ob Max ihr auf Grund ihrer Aufmachung den Rükken zukehrte, oder ob er ihr nur seinen Ärger demonstrieren wollte. In jedem Fall war seine Wahl schnell auf eine der Schönen gefallen. Dicht stand er vor der Frau, Nele fand, zu dicht. Den Arm gegen ein Regal gestützt, schien er die Frau vor anderen Gästen abzuschirmen. Auf den ersten Blick sah es aus, als umarme er sie. Aber in Wirklichkeit redete er nur auf sie ein, leise und eindringlich, nicht anders als Eckard Fuhrgeber auf Nele eingeredet hatte. Nur daß die Schöne keine Anstalten machte, sich der Nähe von Max zu entziehen. Sie schlüpfte nicht unter seinem Arm hindurch, sie trat nicht zur Seite, sie wandte auch nicht den Kopf, um nach jemandem Ausschau zu halten, der sie aus dieser Intimität befreien könnte, nein, sie verharrte in dieser engen Position, als habe sie es darauf abgesehen. Nele fühlte, wie ihr die Röte ins Gesicht schoß, denn jetzt, genau in diesem Augenblick blickte Max zu ihr herüber, ohne seine Haltung zu verändern. Es war ihm nicht peinlich, daß sie ihn beobachtete, es schien ihm geradezu Spaß zu machen, denn jetzt hakte er die Schöne unter und führte sie unter Neles Blicken zu dem kalten Buffet, das Betty für ihre Gäste im Eßzimmer aufgebaut hatte.

Später wußte Nele nicht mehr, ob sie überhaupt ein Wort hervorgebracht hatte, als Frank ihr Eckard Fuhrgeber vorstellen wollte. Sie wußte nur, daß sie ganz langsam die Hände auf ihren Mund gelegt hatte, was eher so aussah, als sei ihr plötzlich speiübel geworden. Dabei ging sie Schritt für Schritt rückwärts, stieß gegen Stühle und Wände, trat auf Füße und fiel auf.

»Was ist denn mit dir los?«

Statt einer Antwort drehte sich Nele um und lief zur Tür, die Hände nach wie vor ins Gesicht gepreßt. Frank rief nach Robert und schickte den Jungen der Mutter hinterher, um, wenn es nötig sein sollte, Max holen zu können. Dann wandte er sich dem Gast zu. »Eine Freundin meiner Frau«, sagte er verlegen, mehr über Neles Aussehen irritiert als über ihr sonderbares Verhalten, »anscheinend geht es ihr nicht gut.«

Natürlich hatte Eckard Fuhrgeber Nele erkannt. Aber das hätte nur jemand bei genauem Hinsehen bemerkt. Seine Augen hatten sich für Bruchteile von Sekunden verengt. Er mußte unversehens schlucken, und auch die Geste, mit der er sich an den Hals griff, fiel niemandem auf. Wenn er sich jetzt nicht zusammennahm, konnte die Angelegenheit für ihn brenzlig werden. In jedem Fall mußte er hier so schnell wie möglich weg, und zwar bevor diese Frau wieder zurückkehrte und das Blaue vom Himmel herunter erzählte, ihn vor allen Menschen beschuldigte, mit dem Finger auf ihn wies und ihn der Gewalt bezichtigte. Nicht auszudenken. Es dauerte eine Weile, bis ihm endlich eine Entschuldigung einfiel. Vorerst sei er nur zur Gratulation vorbeigekommen, müsse aber gleich wieder weg, zum Bahnhof, um wie versprochen seine Lebensgefährtin vom Zug abzuholen. Wenn Frank, der Erika Zilke vielleicht schon mal im Club begegnet sei, nichts dagegen habe, komme er, Eckard Fuhrgeber, später in ihrer Begleitung wieder her, denn es sei ihm eine Ehre, zu den Gästen von Frank und Betty gehören zu dürfen. Das hätte man gleich wissen müssen, hieß es da, Eckard Fuhrgeber möge die Dame um Himmels willen nicht warten lassen, zum Bahnhof fahren, um mit ihr auf schnellstem Weg wieder hierher zurückzukehren. Das war noch einmal gut gegangen, die zweite Ausrede würde sich später finden lassen. Eckard Fuhrgebers Meinung nach würde er, der unter den Gästen kaum bekannt war, schon in ein paar Minuten vergessen sein. Erst im Flur des Treppenhauses atmete er auf, wurde aber sofort vom nächsten Schreck überrascht, als er an der gegenüberliegenden Wohnungstür Neles Namen las. Der Zufall hatte ihm hier einen fatalen Streich gespielt, und es bedurfte schon ernsthafter Überlegungen, um unangefochten aus dieser Situation herauszufinden.

Robert war nur unwillig Franks Aufforderung nachgekommen, seiner Mutter in die Wohnung zu folgen. Nach allem, was vorgefallen war, zog er es vor, Nele aus dem Weg zu gehen. Er fürchtete die ungewohnten Ausbrüche, denen er sich nicht gewachsen fühlte. Was sollte er tun, wenn sie ihn anschrie, ihr

Kleid zerriß oder sich wieder unter die Dusche stellte? Er nahm sich gar nicht erst vor, die Mutter zu fragen, warum sie plötzlich davongelaufen sei. Lautlos schlich er ihr hinterher, und was er dann sah, beunruhigte ihn derart, daß er zurücklief, um Betty an Ort und Stelle zu holen.

»Mama sitzt bei uns in der Küche und verliert ihr Gesicht.« Tatsächlich war es dem Kind so erschienen, als er die Mutter durch den Türspalt beobachtete. Sie saß auf der Kante eines Stuhles, mit aufgerissenen Augen, den Kopf weit zurückgeworfen, die Hände immer noch auf den Mund gepreßt. Robert hörte sie abermals stöhnen, ohne recht zu wissen, ob es sich dabei jetzt nicht um ein Weinen handelte. Als Nele die Hände vom Gesicht nahm, glaubte er, sie befürchte, es rutsche ihr weg. Und seiner Meinung nach hatte die Mutter auch allen Grund, ihr Gesicht festzuhalten. Es war ganz schief, und die Zähne klapperten in ihrem Mund, so daß er dachte, sie würden jeden Augenblick einzeln herausfallen. Die Haut war um die Nase herum ganz festgezogen. Alle Fältchen waren weg. Nichts mehr war in dem Gesicht der Mutter zu finden, was hineingehörte, alles schien sie verloren zu haben. Aber bevor sich der Rest auflöste und sie nicht mehr zu erkennen gewesen wäre, legte die Mutter abermals beide Hände über den Mund und alles fing wieder von vorne an.

So saß sie auch da, als Betty hereinkam, die, durch Roberts merkwürdige Schilderung mißtrauisch geworden, nach der Freundin sehen wollte. Es dauerte seine Zeit, bis Nele berichtete, wem sie da als Franks Gast begegnet sei. Fuhrgeber, der sich ihr auch noch in aller Ruhe hatte vorstellen lassen, habe kein Zeichen des Erschreckens gezeigt, kein Zeichen der Angst, daß sie laut herausrufen könne, was er für eine Bestie sei, nicht einmal peinlich sei ihm die unerwartete Gegenüberstellung gewesen. Er habe gegrüßt, sich verbeugt, gelächelt und ihr die Hand entgegengestreckt. Da sei sie auf und davon und bemüht gewesen, nicht zu schreien.

»Ich begreife es nicht«, flüsterte Nele, »ich begreife es nicht, daß dieser Mann Franks Freund sein kann, daß er überhaupt in eure Wohnung kommt, von Frank eingeladen wird, vielleicht auch von dir.« Wieder schlugen Neles Zähne aufeinander, sie zitterte, und was Betty noch hilfloser machte, die Freundin ließ sich von ihr nicht einmal mehr anfassen.

Zu dem Ekel, der Verzweiflung und Angst gesellte sich für Nele das Gefühl des Verrats hinzu. Vielleicht steckten sie schon drüben die Köpfe zusammen und lachten über sie, stießen mit Eckard Fuhrgeber an, und Max umarmte die Schöne. Vielleicht hatten sie alle schon vorher gewußt, wie sie, Nele, die Rolle der Dummen zu spielen hatte, damit jeder zu seinem Spaß käme. Von Gewalt, hörte sie Max, Betty und Frank sagen, von Gewalt sei keine Rede, denn Eckard Fuhrgeber sei schließlich ihr Freund.

Nein, sie traute niemandem mehr, egal, was Betty zu sagen wußte. Gehen möge sie, wiederholte Nele mehrmals hintereinander, den Kopf in den Armen vergraben, gehen und ihretwegen mit Eckard Fuhrgeber Geburtstag feiern, nur sie, sie sollte man in Ruhe lassen und ein für allemal aus dem abscheulichen Spiel der Gewalt entlassen.

Betty blieb keine Wahl, mit Nele war nicht zu reden. Um so mehr nahm der Gedanke von ihr Besitz, die Freundin könne sich in Kopflosigkeit und Verzweiflung ein Leid zufügen. Egal, was sie am Vormittag versprochen hatte, jetzt mußte gehandelt werden, und das hieß, mit Frank reden, um seinen Rat zu bitten und um seine Hilfe.

Das Fest war voll im Gange, jemand hatte eine Rede gehalten, und nun wollte man anstoßen. Happy Birthday to you. Die Stimmung versprach ausgelassen zu werden. Frank hatte Neles sonderbares Verhalten längst vergessen, und auch an Eckard Fuhrgeber dachte er nicht mehr. Er prostete den Freunden zu, dankte für Kommen und Geschenke, ganz darauf bedacht, daß jeder ein volles Glas in der Hand hatte. Um so erleichterter war er, als Betty endlich erschien.

»Schön, daß du mir helfen willst.«

»Ich will dir nicht helfen, ich muß mit dir reden.«

Sie zerrte Frank aus der Runde der Gäste hinter sich her ins Schlafzimmer und berichtete dort atemlos alles, was sie wußte. Frank stellte keine Fragen. Seine Ungeduld darüber, noch weiter zuhören zu müssen, wurde ihr erst bewußt, als er sie fragte, ob sie nicht mehr bei Troste sei.

»Sag mal, glaubst du mir nicht?«

»Nein«, sagte Frank, »kein Wort, und ich finde das Theater, das Nele uns hier vorspielt, albern.«

Frank wollte gehen, wollte nichts wissen, nichts nachprüfen und nicht Stellung beziehen. Er glaubte die Geschichte nicht, und damit schien das Thema für ihn erledigt zu sein. Der Blick in den Spiegel, ob

Hemdkragen und Jackett richtig saßen, war ihm wichtiger. Sogar ein Lächeln setzte er auf. Weibertratsch. Aber so einfach kam er bei Betty nicht weg. Ob er denn gar kein Verantwortungsgefühl habe, fuhr sie ihn an, schließlich sei dieser Verbrecher nicht nur bei ihnen eingeladen, sondern obendrein noch der Ärmsten von ihm vorgestellt worden.

»Der Kerl muß angezeigt werden«, sagte sie, »das ist ja wohl klar.«

»Nichts ist klar, gar nichts. Ich kenne den Architekten Fuhrgeber aus dem Club. Er ist unser Champion und ein unbescholtener Mann, vergiß das nicht. Ich verlange von dir, daß du dich da raushältst. Selbst wenn irgend etwas Wahres dran sein sollte, sag' ich dir, falls du es nicht wissen solltest, zu einer Vergewaltigung gehören nach wie vor zwei.«

Im gleichen Augenblick wurde die Tür aufgerissen, jemand rief nach Musik. Es hieß, die Gäste wollten tanzen, und Frank nutzte die Gelegenheit, die Auseinandersetzung mit seiner Frau abzubrechen. Allerdings konnte er nicht verhindern, daß sie sich jetzt auf die Suche nach Max machte.

Die Schöne zeigte Verdruß, Betty nahm keinerlei Rücksicht. Nicht nur, daß die angeregte Unterhaltung unterbrochen wurde, Betty verlangte auch, daß Max sie augenblicklich begleite.

»Wohin?«

»Nach Hause.«

Aus war's mit der kleinen Liebelei, nichts blieb als eine knappe Verbeugung, mit der sich der eben noch feurige Kavalier höflich, aber ohne nähere Erklärung verabschiedete. Auf den ersten Blick hatte Max Betty angesehen, etwas Schlimmes war passiert.

»Nele?«

Betty hatte genickt. Sie wolle es ihm draußen sagen, nicht hier im Trubel der Gäste, sie brauche Ruhe dazu und er sicher auch. Sofort fiel ihm Tod und Teufel ein, die Fantasie ging mit ihm durch, und er konnte nicht schnell genug das Fest verlassen. Betty mußte den Hergang des Vorfalls zweimal erzählen. Nichts ließ sie aus, auch nicht die Beschreibung seiner eigenen Verständnislosigkeit auf Neles so offensichtliche Verstörtheit.

»Warum hat sie nur alles dir erzählt und nicht mir?« fragte er außer sich, und Betty fürchtete schon, er würde zu weinen anfangen.

»Sie konnte es nicht.«

»Und warum nicht?«

»Weil du ein Mann bist.«

Einen Augenblick lang glaubte Betty, daß Max sie einfach stehen lassen würde, so wütend sah er aus.

»Dieses Schwein«, sagte er leise, »dieses Schwein ist euer Freund?« Er hörte nicht auf Bettys Einwurf, daß sie diesen Mann noch nie gesehen habe. »Ihr bringt es fertig«, fuhr er fort, »dieses Monster mit Nele und mir zusammen einzuladen. Wißt ihr überhaupt, was ihr uns damit angetan habt?«

»Euch?« fragte Betty zurück, »du meinst Nele. Du hast es doch vorgezogen, dich mit anderen Frauen zu amüsieren. Und wenn nicht ich...« Kein weiteres Wort.

Max hörte nicht mehr zu und verschwand hinter

der Tür seiner Wohnung. Er wußte nicht, warum, aber er bewegte sich leise. Er rief nicht nach Nele, er öffnete lautlos Tür um Tür, bis er sie in der Küche sitzend fand. Die Hände hatte sie nicht mehr vor dem Mund. Sie lagen ruhig auf dem Tisch, unbeweglich, als gehörten sie nicht zu ihr. Überhaupt war Neles Haltung unnatürlich und starr. Er hatte erwartet, daß sie weinte, damit er sie in den Arm nehmen könnte. Aber Nele weinte nicht, sie sah ihn auch nicht an, sie reagierte nicht einmal auf sein Kommen, und sie schien auch nicht reden zu wollen. Also setzte er sich ihr gegenüber, nahm ihre Hände und hielt sie fest. Wie laut die Küchenuhr tickte, und in das Summen des Kühlschranks mischte sich ein winziges Klirren. Er hätte es gern abgestellt, traute sich aber nicht, Neles Hände loszulassen.

»Hör zu«, sagte er schließlich, »ich weiß alles.«

Kein Wort und keine Bewegung bis in die Fingerspitzen hinein. Also blieb ihm nichts anderes übrig als weiterzureden, Wort für Wort abwägend, wie er ihr näher kommen könnte. Es sei ihm klar, daß er in seiner Funktion als ihr Beschützer versagt habe, andererseits sei auch ihr fehlendes Vertrauen ihm gegenüber zu beklagen.

»Verstehst du das nicht?«

Er bekam keine Antwort, das machte ihn unsicher. Schon sprach er nicht mehr ganz so leise, aber ihre Hände hielt er noch fest.

»Allein der Gedanke, daß ein fremder, hergelaufener Kerl meiner Frau Gewalt antun kann, bringt mich zum Wahnsinn.«

Jetzt zuckten die Hände, krümmten sich in den

Fingerspitzen und entzogen sich vorsichtig seinem Griff. Das Summen des Kühlschranks hatte aufgehört, blieb nur noch das Ticken der Uhr, ohne daß Max mit einem einzigen Wort auf das Ereignis der Gewalt eingegangen wäre. Das aber war keine Lieblosigkeit, sondern seine Unfähigkeit, es sich vorstellen zu können.

»Du mußt lernen zu vergessen«, war sein fürsorglicher Rat, »zu vergessen und mir zu vertrauen.«

Und weil Nele noch immer nichts sagte, ihm nicht einmal durch ein Kopfnicken zustimmte oder mit einem Blick, entschloß er sich, schweigend neben ihr auszuharren. Später holte er Robert und brachte das Kind ins Bett. Aber auch das veranlaßte Nele nicht, ihren Platz in der Küche aufzugeben oder ihre Haltung zu ändern. Als auch sein Argument nichts nützte, daß sie hier kaum bis zum Morgen sitzen könne, glaubte er, daß er Nele erst den Beweis seines Schutzes erbringen müsse.

Ohne Rücksicht auf die Uhrzeit kehrte er zu Frank und Betty zurück, die gerade die letzten Gäste verabschiedeten.

»Komm rein«, sagte Frank, »komm rein und trink noch einen Schnaps mit mir.«

So saßen sie dann eine Weile zwischen vollen Aschbechern und halbvollen Gläsern. Betty begann aufzuräumen. Es roch nach Parfüm, Alkohol und kaltem Rauch, nichts war an seinem Platz, und das Klappern der Teller, das Klirren der Gläser auf dem Tablett mischte sich in die Musik, die noch niemand abgestellt hatte.

»Wenn ihr nichts zu sagen habt«, rief Betty ärgerlich aus der Küche, »dann könnt ihr mir auch helfen.«

Die Männer winkten ab. Sie brauchten Ruhe, wollten ihre Freundschaft nicht beschädigen und suchten nach einem Anfang, von dem sie hofften, daß ihn der andere machen würde. Also tranken sie erst einmal, füllten die Gläser und tranken abermals.

Frank hätte Max gern auf die Schulter geklopft, wenn dessen Stuhl dem seinen näher gewesen wäre, und sagte: »Was war jetzt wirklich los, alter Freund?«

Mit dem Ton der Kumpelhaftigkeit hatte Max am wenigsten gerechnet. Auch die Frage war ihm unangenehm. Selbst wenn er gewollt hätte, wäre ihm die Antwort unmöglich gewesen, da er die Einzelheiten nur von Betty kannte.

»Und was hat Nele dir erzählt?« hakte Frank nach, und Max gab wahrheitsgemäß zu, daß Nele nichts erzählt habe, da sie ihm gegenüber den Mund nicht aufmache, statt dessen seit dem gestrigen Nachmittag verstört sei und nun, nach der Begegnung mit diesem Fuhrgeber hier auf der Party, wie gelähmt in der Küche auf einem Stuhl sitze.

Frank beugte sich über den Tisch. »Also kennst du die Geschichte auch nur von Betty?«

»Bisher ja«, antwortete Max, »aber das ändert doch nichts an der Tatsache.«

»Nicht an der Tatsache, die will ich ja gar nicht bestreiten, nur mag ich so einseitig erzählte Storys nicht, schon gar nicht aus zweiter Hand, auch wenn es meine Frau ist, die sie verbreitet.«

Ganz klar, die Bemerkung zielte auf Nele ab und unterstellte ihr Mitschuld. Max sprang auf. Vielleicht war es der Schnaps, vielleicht war es wirklich der unausgesprochene Zweifel daran, die Dinge nicht so glauben zu können, wie sie Betty erzählte. Max ging auf Frank los. Nur sprang der zur Seite. Unter heillosem Krach fielen ein paar Stühle um, und Betty erschien.

»Seid ihr verrückt?«

»Nein«, sagte Frank freundlich und zeigte auf Max, »er kommt nur mit der Sache, so wie sie ist, nicht klar. Das ist doch verständlich, findest du nicht?«

Plötzlich sah Max das froschgrüne Kleid vor sich, der auffällige Schnitt mit dem tiefen Rückenausschnitt. Ein Kleid, von dem er wußte, daß es sich Nele nie von allein gekauft hätte. Woher hatte sie es und woher Betty? Schwindel erfaßte seinen Kopf und glitt ihm hinunter bis in die Füße. Er mußte sich setzen. Es wäre wichtig, Betty danach zu fragen, aber er fragte nicht. Er hörte Frank zu, was es von dem Architekten Eckard Fuhrgeber zu berichten gab, nämlich daß der ein ausgezeichneter Schachspieler sei, seit Jahren im Club einen guten Namen habe und, wie man wisse, im Beruf große Verantwortung trage. Auch erzähle er hin und wieder von seiner Lebensgefährtin, und nun möge Max ihm sagen, wieso dieser Mann nicht hätte eingeladen werden dürfen. Schließlich habe es ja Nele aus welchen Gründen auch immer vorgezogen, den bedauerlichen Vorfall für sich zu behalten. Obwohl Frank mit Bettys Reaktion hätte rechnen müssen, erschrak er jetzt über ihre unerwartete Erregung.

Sie griff nach einem der halbvollen Gläser und goß ihm den Inhalt ins Gesicht. Lauwarm lief ihm der schale Weinrest über Stirn, Brauen, Nase und Wangen in den Kragen. Unbeweglich blieb er sitzen, als sei nichts passiert, lächelte nur und sagte: »Ihr Weiber, ihr könnt einem das Leben schon ganz schön vermiesen.«

»Ihr«, fuhr ihn Betty an, »was meinst du mit ihr?«

»Nun, dich und Nele. Du mußt doch zugeben, daß wir hier in eine Lage gebracht worden sind, aus der nicht so leicht herauszufinden ist.«

Frank hätte gern noch mehr gesagt, suchte nach Worten, brauchte vor allem Zeit, um die Dinge in den Griff zu bekommen, als Betty schon wieder loslegte. Ob er sich nicht schäme, wollte sie wissen. Offenbar sei er, schrie sie, daß es bis auf den Flur zu hören war, ein ähnliches Ungeheuer wie sein Freund, dieser Architekt. Darauf sprang Frank wiederum auf, packte sie an den Armen, schüttelte sie hin und her und brüllte: »Schluß.« Sie merkten beide nicht, wie sich Max unauffällig von dannen machte. Bettys Vorwürfe erschienen unerträglich. So hörte Max auch nicht, wie Betty Frank unter Tränen sagte, daß sie sich jetzt nicht mehr über ihre Schwangerschaft freuen könne. Er sah nicht, wie Frank sie in den Arm zu nehmen versuchte, und er konnte nicht mit dem Freund die Verletzung fühlen, die Betty ihm zufügte, als sie sagte, daß sie Frank die Fähigkeit abspräche, ein guter Vater zu werden. Max blieb noch eine Weile auf dem Flur stehen, sah aus den hohen

Flurfenstern hinunter auf die Straße und ertappte sich dabei, wie er vorbeifahrende Autos zählte. Beim zwanzigsten mußte er seine notwendige Ruhe gefunden haben. Nach dem zwanzigsten Auto, das unten vorbeifuhr, mußte er sich imstande fühlen, zu Nele zurückzukehren, ohne ihr die Fragen zu stellen, die Frank ihr gestellt hätte. Es dauerte seine Zeit, denn in den frühen Morgenstunden waren nicht viele Autos unterwegs. Nur keinen Blick in Bäume und Himmel. Der graue Asphalt gab mehr Halt. Auch die lichtlosen, aneinandergereihten Fenster der Häuserwände beruhigten eher, als daß sie seine Fantasie anregten. Er wartete die vorbeifahrenden Autos ab, hatte gründlich gezählt, wie er schon als kleiner Junge Autos gezählt hatte, um sich zu fangen und zu besänftigen. Als er endlich die Wohnungstür öffnete, hatte sich Nele wie die Nacht davor ihr Lager im Wohnzimmer auf dem Sofa gemacht und die Tür hinter sich abgeschlossen. Weder reagierte sie auf sein Klopfen, noch mochte sie ihm antworten. Es blieb bei dieser fragwürdigen Stille und dem nadeldünnen Lichtstrahl unter der Tür. Ob er wollte oder nicht, er mußte allein ins Bett gehen, und was ihm vorhin in der Küche nicht gelungen war, sich vorzustellen, sprang ihm jetzt in dicht aufeinanderfolgenden Bildern entgegen, rollte wie Videoclips auf der gegenüberliegenden Schlafzimmerwand ab. Egal, ob er die Augen schloß oder nicht, er sah Nele, sah sie halb nackt, Augen und Mund weit aufgerissen, sah sie am Boden liegen, die Hände vielleicht gefesselt. Er sah auch den Fremden, gab ihm eines der Gesichter, die ihm auf Franks Party begegnet waren.

Groß war der Mann mit kräftigen Armen, die Nele am Boden hielten, während er mit geübtem Griff ihre Beine auseinanderdrückte. Vielleicht schlug er auch zu, vielleicht trat er sie auch. Sein Glied war mächtig, jetzt schob er es in sie hinein. Ach was, er trieb es in sie hinein wie einen übergroßen Pflock. Dabei packte er zu, umfaßte sie, rückte sie sich zurecht und begann seinen fürchterlichen Ritt.

Licht, Max brauchte Licht. Er stand auf und lief hin und her. Seine Nele, dieser Verbrecher hatte sich seiner Frau bemächtigt, hatte sich mit Gewalt genommen, was ihm nicht gehörte. Max spürte, wie er schwitzte, wie er fror und seine Lippen immer wieder die gleichen Worte formulierten: Meine Nele.

Ohne einen weiteren Gedanken zu fassen, ohne zu überlegen, was falsch oder richtig sein könnte, rannte er hinüber zur Wohnzimmertür. »Mach auf, Nele, mach auf.«

Aber Nele machte nicht auf. Jeden seiner Schritte hatte sie gehört. Aber jedes Geräusch, das er verursachte, schien von der Gegenwart der Schönen begleitet zu sein. Vielleicht hatte er alles mit ihr besprochen. Vielleicht war es der Rat der Schönen gewesen, Nele möge versuchen, alles zu vergessen. Vielleicht...

Nein, sie machte nicht auf. Schon tauchte ein anderer Satz von Max in ihrer Erinnerung auf. Allein der Gedanke, hatte er gesagt, der Gedanke, daß ein fremder Kerl meiner Frau Gewalt antun könnte, brächte ihn zum Wahnsinn. Also fand für Max mit einer Vergewaltigung nichts anderes als ein ungerechtfertigter Besitzwechsel statt. Es war nicht ihr

Leid, das ihn berührte, es war die Kränkung, die ihm als Mann zugefügt worden war.

Max klopfte vergebens, die Tür blieb verschlossen, es nützte keine Bitte um Vertrauen und kein Wort der Zärtlichkeit. Er konnte es kaum glauben, und ohne daß er sich dagegen wehrte, schlug sein Mitleid in Mißtrauen um. Vielleicht öffnete Nele nicht, weil sie ein schlechtes Gewissen hatte. Immerhin hatte sie gegen seinen Rat auf diese Annonce reagiert, hatte sich auf eigene Faust diesem Architekten vorgestellt und sich dort auf weiß Gott was für Abenteuer eingelassen. Offensichtlich war es nur ihrer Naivität zuzuschreiben, daß sie, ohne Rücksprache mit ihm, an diesem fragwürdigen Arbeitsplatz noch ein zweites Mal erschienen war. Je länger er darüber nachdachte, um so vermeidbarer kam ihm die ganze Sache vor. Das war's, was er ihr jetzt gern gesagt hätte, und fragen wollte er sie, ob sie immer noch nicht wisse, daß sie sich auf ihr Auskommen an seiner Seite verlassen könne.

Wieder im Schlafzimmer und im Bett schlief er schneller ein, als er vermutet hatte. Morgen, so nahm er es sich vor, morgen wollte er früh nicht aufs Gericht gehen, sondern mit Nele reden.

Als er aufwachte, war der Frühstückstisch schon gedeckt. Der Alltag lief wie am Schnürchen, nur ganz und gar ohne Fröhlichkeit. Seinen Entschluß, nicht aufs Gericht zu gehen, nahm Nele schweigend zur Kenntnis. Robert, so hörte er, werde von Betty abgeholt, um in den Kindergarten gebracht zu werden.

Und nun? Schon beim Rasieren hatte er sich die

Worte zurechtgelegt. Es galt jetzt nur, den richtigen Anfang zu finden, vielleicht auch den richtigen Ort, an dem gesagt werden sollte, was gesagt werden mußte. Ein Ort ohne Enge, dachte Max, ein Platz ohne Erinnerung, der auch nicht ablenkte oder zu Pflicht und Ordnung rief.

»Komm, laß uns zusammen spazierengehen«, schlug er vor, »vielleicht in den Park, oder wenn du willst, können wir auch mit dem Auto wegfahren.«

Schon wollte er den Arm um ihre Schultern legen, froh, daß sie nicht gleich widersprach, als sie sich ihm zuwandte und leise sagte: »Fahr mich zur Polizei.«

Bevor er antworten konnte, hatte sie ihn schon umarmt. Sie übersah den Schrecken, den ihre Bitte bei ihm auslöste und fuhr fort: »Ich will diesen Mann anzeigen, ich will, daß er für das, was er mir angetan hat, bestraft wird und alle Welt erfährt, wer er in Wahrheit ist. Verstehst du das?«

Max rührte sich nicht. Er sah über ihren Kopf hinweg, als könnte er hinter ihr irgendwo seine Antwort ablesen. Sein langes Schweigen machte sie mißtrauisch. Sie ließ ihn los, und der winzige Beweis ihres Vertrauens, die Hoffnung, ihn neben sich zu wissen, verwandelte sich sofort in Enttäuschung. Ohne ein weiteres Wort begann sie unerwartet, mit langsamer Gründlichkeit wie tags zuvor ihre Hausarbeit zu verrichten. Es wirkte sinnlos, wie sie die vor Sauberkeit glänzenden Möbel polierte, den spiegelnden Glastisch wienerte und sich schließlich am Teppichboden zu schaffen machte. Wie sollte er mit ihr reden, wenn sie ihm dauernd den Rücken zukehrte? Sie zwang ihn geradezu, ständig hinter ihr herzulaufen, und so klang alles, was er sagte, aufgesetzt und unpersönlich. Selbstverständlich wolle er sie zur Polizei begleiten, wenn sich dieser Weg als richtig erweise. Aber nach seiner Meinung war er das nicht. Nele habe keine Zeugen. Er sei Jurist und wisse aus eigener Erfahrung, wie so ein Prozeß abliefe. Er kenne die Berichte seiner Kollegen aus der Kantine. Ob sie sich und ihn dem aussetzen wolle, das müsse gemeinsam überlegt werden. Er sprach von den Peinlichkeiten, benutzte das Wort Intimsphäre, die in aller Öffentlichkeit breitgetreten würde und sicher ein Fressen der Presse sei. Nicht einmal Frank, fuhr er vorsichtig fort, habe Betty den Ablauf des Geschehens so geglaubt, wie er von Betty geschildert worden sei. Was würden dann erst Richter und Staatsanwälte sagen?

Max hatte sich hinter Neles Rücken in Fahrt geredet. Er ließ nichts aus, was auf die Zweideutigkeit, von der er sich selbst distanzierte, hinwies. Die Zweideutigkeit, sagte er, mit der nicht nur du belastet wirst, sondern auch Robert und ich, die mußt du mit einkalkulieren, wenn du zur Polizei gehst. Jetzt redete er von der Fantasie der Nachbarn, der Kollegen, der Zuhörer im Prozeß. Er brachte die Neugierde zur Sprache, die Geilheit ganz allgemein und die Beschädigung eines Rufes, die damit nun einmal verbunden sei.

Max ging auf und ab, blieb Nele nicht mehr so dicht auf den Fersen, redete zum Fenster hinaus und durch die Tür hindurch. Er redete ebenso laut wie leise, und hin und wieder hätte man annehmen können, daß seine Stimme tränenerstickt war. Besonders dann klang sie so, wenn er seine Liebe zu Nele betonte und die Zusammengehörigkeit ihrer kleinen Familie, deren Zerstörung er – komme, was da wolle – nicht zulassen würde.

Je länger Max redete, um so erregter wurde er, und deshalb merkte er gar nicht, daß Nele ihre Putzarbeit beendet hatte, sich eine Jacke anzog und nach ihrer Handtasche suchte. Erst das Klimpern des Hausschlüssels, riß ihn aus seinem Monolog. »Hörst du mir denn nicht zu?« fragte er entsetzt. Nele schüttelte den Kopf.

»Mein Gott, was soll ich denn noch sagen, damit du nicht zur Polizei gehst.«

»Nichts.«

Nele sah, wie er sich erschöpft auf einen Sessel fallen ließ. Sie beobachtete noch, wie er die Hände vors Gesicht schlug, und sie glaubte, ein trocknes Schluchzen zu hören, als sie behutsam die Tür hinter sich ins Schloß zog.

Eckard Fuhrgeber hatte sich seine Arbeit so eingeteilt, daß er den Vormittag für seine Privatzwecke nutzen konnte. Er hatte lange über seine Situation nachgedacht. Dem Verhalten dieser Nele Steinbekker nach hatte sie sich bisher nicht getraut, Anzeige gegen ihn zu erstatten. Daraus stellte sich jetzt für ihn die Frage, ob sie nicht vielleicht auch weiterhin den Mund hielt. Falls sie quatschte, war zu bedenken, was ihr Mann und Frank von der Geschichte glaubten, die sie ihnen auftischen würde. Es blieb ihm gar nichts anderes übrig, als sie noch einmal zutiefst einzuschüchtern. Also war er früh aufgestanden, zu dem Haus seines Opfers gefahren, hockte im Auto und behielt, so gut es ging, die Haustür im Auge. Es entsprach seiner Gründlichkeit, daß er nicht aufgab, als er Betty mit dem kleinen Robert über die Straße kommen sah. Er war fest davon überzeugt, einmal mußte Nele Steinbecker herauskommen. Entweder sie würde sich doch noch auf den Weg zur Polizei machen, oder aber sie würde ihren Alltagsgeschäften nachgehen und irgendwann das Haus verlassen. Eckard Fuhrgeber war die Ruhe selbst. Sein Gesicht drückte äußerste Konzentration aus. Säße er nicht in einem Auto, könnte man annehmen, er betrachte die Figuren auf einem Schachbrett.

Zwei oder drei Stunden hatte er so verbracht. Als Nele jetzt das Haus verließ und auf die Straße trat, war es keine Erleichterung, die ihn erfüllte, sondern Genugtuung. Langsam stieg er aus seinem Wagen und folgte ihr mit bedächtigen Schritten, ohne Hast und ohne irgend jemandes Aufmerksamkeit auf sich zu ziehen. Alles, was ihn interessierte, war der Weg, den Nele einschlug. Weder hatte er einen Blick für ihren Gang, noch für ihre Figur. Nichts an ihr löste seine Begierde aus, nichts an ihr erschien ihm der Rede wert. Nur einen Augenblick stockte sein Blut, und er fühlte von den Zehen aufwärts, wie ihn das Zittern überfiel, das er so gut kannte. Nele war vor dem Gebäude eines Polizeireviers stehengeblieben. Sie sah sich um, und er mußte sich beeilen, um rechtzeitig hinter einem Mauervorsprung zu verschwinden. Man hätte meinen können, ihre Schuhsohlen klebten auf dem Bürgersteig fest. Sie bewegte nur ihren Oberkörper, beugte sich vor und wieder zurück, wie jemand, der ständig von der Richtung, die er gerade anstrebt, zurückgepfiffen wird. Das alles dauerte Sekunden, aber für Eckard Fuhrgeber wurden sie zu Minuten, und er hatte alle Mühe, sich soweit zusammenzunehmen, um nicht zu seinem Auto zurückzukehren und davonzufahren. Dann endlich ging Nele Steinbecker weiter, langsamer, so, als sei sie plötzlich müde geworden. Jeder Schritt schien ihr schwerzufallen, und immer öfter blieb sie stehen, so daß Eckard Fuhrgeber Schwierigkeiten hatte, ihr weiterhin unauffällig zu folgen. Sein Gesicht drückte wieder die alte Konzentration aus, auch die Ruhe war wieder in ihn zurückgekehrt, und weder in den Füßen, noch in den Händen spürte er ein Zittern. Zufrieden stellte er fest, daß Nele jetzt einen Supermarkt betrat. Wie sie nahm auch er einen der Einkaufswagen, wie sie fuhr er damit die Gänge zwischen den einzelnen Regalen hinter ihr her, auf und ab und wartete darauf, sie im richtigen Augenblick ansprechen zu können. Einem Alptraum ähnlich tauchte für Nele plötzlich sein Gesicht im hintersten Teil des Ladens zwischen aufgestapelten Waschpulverkartons und Putzmitteln auf. Erst dann hörte sie seine Stimme: »Lauf nicht weg, was ich dir zu sagen habe, ich für dich wichtiger als für mich.«

Und schon kam er um die Ecke, schnitt ihr den Weg ab und hielt sie sanft mit seinen behaarten, weißen Händen fest. Sie wehrte sich nicht, sie lief auch nicht weg, sie stand ganz still. Das gefiel ihm und machte die Sache leichter. Er konnte leise sprechen und mußte nicht damit rechnen, daß sie wie bei der Begegnung auf der Geburtstagsparty hysterisch wurde. Er nahm sich Zeit, und während er sprach, ließ er sie sogar los. Sie möge, sagte er freundlich, ja nicht auf die Idee kommen, ihn anzuzeigen. Denn genau damit habe sie ohne Zeugen keinerlei Aussichten. Ehrlich gesagt täte ihm heute sein Verhalten von neulich leid. Vielleicht könne sie ihm auch verzeihen. Damit sei die Angelegenheit am einfachsten aus der Welt. Und als Nele sich noch immer nicht rührte, ihn nur weiterhin anstarrte, als begreife sie kein Wort von dem, was er sagte, fuhr er etwas deutlicher fort, daß sie immerhin zweimal aus freien Stücken bei ihm erschienen sei. Zweimal, wiederholte er lauter werdend, obwohl er, wie sie wisse, bei ihrem ersten Besuch nur mit einem Bademantel bekleidet gewesen sei. Eckard Fuhrgeber sagte noch mehr. Er gab sich alle Mühe, ihr Gedächtnis aufzufrischen. Mit Sorgfalt, Geduld und auf bestimmte Einzelheiten hinweisend, versuchte er Nele, ihr Selbstverschulden an der entstandenen Situation begreiflich zu machen. Wie freundlich er dabei war. Es fehlte nicht viel, und er hätte ihr über das Haar gestrichen. Er lächelte und nickte ihr zu, als sie plötzlich diesen Druck im Leib spürte. Dieser wuchs und wuchs, blies sie auf und drohte, sie auseinanderzureißen. Sie preßte beide Hände auf den Magen und beugte sich über den Einkaufskorb. Aber das nützte nichts, der Druck stieg und machte sich vorerst in einem dünnen, ganz zarten Ton Luft. Er war so sanft, daß ihn selbst Eckard Fuhrgeber kaum hörte.

»Na, na«, sagte er, »mach jetzt nicht die Pferde scheu. So schlimm ist die Sache auch wieder nicht.«

Da wurde der Druck stärker, und aus dem sanften,

dünnen Ton wurde ein kurzer Schrei. Auch der fiel niemandem weiter auf. Er war wirklich zu kurz. Ekkard Fuhrgeber legte den Finger auf den Mund, schüttelte mißbilligend den Kopf und sagte, daß sie leider Gottes wohl doch eine hysterische Kuh sei. Jetzt war es soweit, Nele spürte es genau. Der Schrei fuhr ihr aus dem Bauch in die Kehle und breitete sich dann im ganzen Supermarkt aus. Er war endlos und fürchterlich. Die Kunden liefen zusammen, die Verkäuferinnen und der Geschäftsführer kamen auf Nele zu. Aufgerichtet, mit ausgestrecktem Arm und Zeigefinger zeigte sie auf Eckard Fuhrgeber. Kein Mensch verstand auch nur ein Wort von dem, was sie da aus sich herausbrüllte. Vielleicht war es ja auch gar nicht zu verstehen. Um so entsetzlicher wirkte ihr Schreien und die Art, wie sie jetzt hinter Eckard Fuhrgeber herlief, der aufs schnellste versuchte, sich aus dem Staub zu machen. Nur hatte er keine Chance. Kunden und Verkäuferinnen stellten sich ihm in den Weg, hielten ihn fest, und da er sich in unbedachter Weise zur Wehr setzte, glaubte der Geschäftsführer, die Polizei holen zu müssen.

Es dauerte lange, bis sich Nele beruhigte, ihren Namen aussprechen und sagen konnte, was Eckard Fuhrgeber ihr angetan hatte.

Am nächsten Tag stand es in der Zeitung. Als Aufmacher und in groß gedruckten Buchstaben waren an allen Kiosken folgende Schlagzeilen zu lesen: JUNGE FRAU BEHAUPTETE IM SUPERMARKT VON EINEM MANN VERGEWALTIGT WORDEN ZU SEIN.

Von Gewalt ist die Rede

Es war schon drei Wochen her, daß er Nele Steinbecker im Supermarkt angesprochen hatte, aber ihr Schrei drang ihm in unterschiedlichen Abständen immer wieder in die Ohren und tauchte zu den verschiedensten Zeiten auf. Dann hörte ihn Eckard Fuhrgeber zuerst nur im Innersten seiner Brust und wußte dabei nie genau, ob es sich nicht vielleicht um eine Verkrampfung seiner Luftwege handelte. Später entwickelte sich von Atemzug zu Atemzug ein knurrender Ton, der schließlich zu Neles Gebrüll wurde, ihm in den Kopf fuhr und dort nichts mehr mit ihm zu tun hatte.

Bis zum heutigen Tag war keine Anzeige erfolgt, obwohl die Situation im Supermarkt für ihn brenzlig genug geworden war. Nur mit Mühe hatte er sich aus der Affäre ziehen können, und wenn Nele Steinbecker nach ihrem hysterischen Anfall nicht plötzlich verstummt und zu keiner weiteren Aussage mehr fähig gewesen wäre, wer weiß, ob sich die herbeigeholten Polizisten so schnell von dem Irrsinn seiner Behauptung hätten überzeugen lassen.

»Ich kenne die junge Dame«, hatte er mehrmals beruhigend gesagt, seinen Namen, Adresse und Beruf angegeben, »sie ist nervlich belastet«, und leiser fuhr er fort, daß sie hin und wieder unter einer Art Verfolgungswahn leide. Dabei hatte er mit nach oben gedrehten Händen die Schultern hochgezogen, als müsse er um Verständnis und Entschuldigung für ihr ungewöhnliches Verhalten bitten.

»Wie heißen Sie?« hatte einer der Polizisten Nele daraufhin gefragt, aber von Eckard Fuhrgeber die

Antwort erhalten. Sogar ihre Adresse gab er an. Sie war nicht zum Reden zu bringen, weder von dem Geschäftsführer noch von den Polizisten. »Na sehen Sie«, hatte Eckard Fuhrgeber schließlich gesagt und dazu ein freundliches Lächeln aufgesetzt, »am besten ist, Sie bringen Frau Steinbecker jetzt nach Hause.«

Und da Nele keinerlei Widerspruch eingelegt hatte, auch die Behauptung nicht mehr wiederholte, daß Eckard Fuhrgeber sie vergewaltigt habe, erboten sich die Polizisten, sie in ihrem Streifenwagen heimzufahren, während ihn der Geschäftsführer zur Tür begleitete und um Nachsicht für die Unannehmlichkeiten bat, in die er durch die peinliche Situation und deren Folgen geraten war.

»Schon gut«, war Eckards Antwort gewesen, »schon gut«, und er hatte sich zusammennehmen müssen, um in angemessenem Tempo über die Straße zu seinem Auto zu gehen.

Danach war er nach Hause gefahren und hatte sich eingeschlossen. Auf der Baustelle sagte er einen Termin ab. Das Wochenende lag vor ihm, und damit Erika Zilke nicht auf die Idee käme, ihn zu besuchen, teilte er ihr mit, daß er vorhabe zu verreisen.

Er ließ die Rollos vor den Fenstern herunter, stellte seinen Anrufbeantworter an und setzte sich vor sein Schachbrett, ohne mit einer der aufgestellten Figuren auch nur einen Zug zu machen. Statt dessen sprach er mit sich, redete sich gut zu. Obwohl er lachte, zitterte er und fühlte die Feuchtigkeit aus den Poren seiner Hände dringen. Er wußte genau, was jetzt kam, kannte den Ablauf seiner Gedanken und die dazugehörigen Bilder, die alle in seine Kindheit gehörten.

Er sah die Mutter, sah sie im Abendkleid, schlank, schön und geschminkt, roch ihr Parfum und glaubte die Kußhand zu hören, die sie ihm zuwarf, bevor sie wegging. »Du weißt ja, wo du mich anrufen kannst.«

Und dann die Stille, nachdem die Haustür hinter ihr zugefallen war. Eine klebrige Stille, die ihn festzurrte und nicht mehr losließ, bis er ohne aufzuhören vor Angst zu schreien anfing. Einmal war er sogar auf allen vieren zum Telefon gekrochen, hatte die von der Mutter aufgeschriebene Nummer gewählt und sein Entsetzen in den Hörer gebrüllt. Danach war er auf der Erde sitzen geblieben, mit Füßen und Händen wie aus Blei, die sich nicht mehr bewegen ließen.

Als die Mutter endlich kam, roch sie noch immer nach Parfum, beugte sich über ihn, hob ihn hoch und legte ihn auf das Sofa. Keine Umarmung, kein Trost.

»Was ist los?«

Er fühlte sich außerstande zu sprechen. Die Worte rutschten die Kehle hinunter in den Bauch, wo sie ein Knäuel bildeten und in keinem Zusammenhang mehr hervorzubringen waren.

»Antworte!«

Nichts. Eckard blieb stumm und starrte die Mutter an. Immer noch keine Umarmung. Statt dessen zwei kleine Ohrfeigen, links und rechts, nicht schmerzhaft, aber unerwartet. »Wenn du denkst, du kannst mich erpressen, dann kennst du mich schlecht.«

Eckard Fuhrgeber zog sich aus der Erinnerung, beugte sich über das Schachbrett, eröffnete das Spiel, drehte das Brett und machte einen Gegenzug. Nach einer Weile wurde er ruhiger, vergaß die Bilder der Kindheit, vergaß Nele, ihren Schrei und die Polizei. Gegen Abend schwitzten auch seine Hände nicht mehr, und seine Gedanken konzentrierten sich wieder auf das, was vor ihm lag.

Es passierte nichts, kein Anruf, keine Anzeige, keine Beschwerde, auch nicht von Frank, dem Freund, den er ebensoschnell wieder losgeworden war, wie er ihn gewonnen hatte. Natürlich ging Ekkard nicht in den Schachclub. Er ließ sich nirgendwo sehen, schon gar nicht in Kneipen, zumindest nicht an den nächsten Abenden.

Statt dessen lief er bis in die Nacht hinein durch die Stadt, lief ohne Tempo und ohne Ziel, als befände er sich in einem Garten. Trotzdem vermied er die Sandwege zwischen den Grünanlagen, erst recht den knirschenden Kies in den Alleen der Parks. Er wollte seine Schritte auf Steinen hören und mochte die Aufmerksamkeit, die er damit auslöste. Hin und wieder blieb er stehen, lauschte Stimmen nach, folgte ihnen, und wenn er im Licht der Straßenlaternen in ein ihm entgegenblickendes Frauengesicht sah, lächelte er.

Erst als es so spät in der Nacht war, daß kaum noch Straßenpassanten anzutreffen waren, machte er sich auf den Heimweg. Tagsüber schlief er und spielte Schach, stets in der Nähe des Telefons und des Anrufbeantworters, den er auf laut gestellt hatte. Nicht einmal klingelte es. Eckard Fuhrgeber schien für seine Umwelt in Vergessenheit geraten zu sein, und das war gut so. Immer seltener tauchte Neles Schrei auf, um sich in seinen Ohren breitzumachen, und sogar sein Kindergebrüll, das Bild seiner Mutter im Abendkleid, ihre Worte und kleinen Ohrfeigen verschwanden aus seinem Gedächtnis.

Am Montag der folgenden Woche war er wieder fit und ging wie gewohnt mit Umsicht und Verantwortung seinen Geschäften auf der Baustelle nach.

Am Donnerstag besuchte er wie üblich Erika Zilke, brachte seine schmutzige Wäsche mit, die er in einer Tasche im Flur abstellte. Er kam pünktlich ohne ein Lächeln und wortkarg. Er ließ sich von ihr mit einer flüchtigen Umarmung begrüßen und setzte sich an den Tisch hungrig und voller Ungeduld, ganz und gar mit seinem Appetit und dem beschäftigt, was ihm Erika Zilke servierte.

Rindersteak mit Steinpilzen und Schwarzwurzeln. Sie sah ihm zu, bis er den ersten Bissen hinuntergeschluckt hatte. Sie wartete auf sein Lob, kannte jede Regung in seinem Gesicht und begann selbst erst zu essen, wenn er genickt und »sehr gut« gesagt hatte. Danach war eine Weile nichts weiter zu hören als das Schneiden des Fleisches, das Kratzen der Messer auf den Tellern und Eckards Schlucken, wobei sein Kehlkopf heftig auf- und absprang. Er aß genüßlich mit halbgeschlossenen Augen, legte auf eine Unterhaltung keinerlei Wert und wollte nicht gestört werden.

Ganz anders Erika Zilke. Sie hatte etwas in petto, das sie sich für diesen Moment aufgehoben zu haben schien, hatte ihn genau beobachtet, um dann ihre Worte wie kleine Geschosse in sein Wohlbehagen fahren zu lassen.

»Du hast gelogen«, hörte er sie sagen und wußte, ohne sie dabei anzusehen, daß sie lächelte, »du warst am Wochenende gar nicht verreist.«

Er reagierte nicht, obwohl ihm die Arme schwer wurden und seine Hand kaum noch die Gabel halten konnte. Und dann war er wieder da, Neles Schrei aus dem Supermarkt, saß tief in seiner Brust und fing dort an zu rumoren, als würde er ihm jeden Augenblick aus der Kehle springen. Nur keine Erinnerung. Nichts war ihm mehr zuwider als die Feststellung, er habe gelogen. Egal ob es stimmte oder nicht, er konnte es nun mal nicht hören, und Erika Zilke wußte das.

Mit Mühe nahm er das Atmen wieder auf und zog viel zu laut Luft durch die Nase. Es gelang ihm, sogar noch einen Happen zu essen und das Rumoren in seiner Brust zum Schweigen zu bringen, als ihn das nächste Wort traf.

»Warum?«

Dieses ›warum‹ vervielfältigte sich und stülpte sich über ihn, daß er glaubte, daran ersticken zu müssen.

Er sprang auf, warf sein Besteck auf den Tisch neben den Teller und schrie Erika Zilke an, sie möge den Mund halten. Er ließe sich nicht kontrollieren, weder von ihr noch von sonst jemandem, und wenn er ihr gesagt habe, er werde verreisen, dann sei er auch verreist gewesen.

Erika Zilke zeigte sich nicht beeindruckt. Im Gegenteil, sie setzte noch eins drauf und behauptete, seine Erregung beweise ihr noch mehr, daß er gelogen habe. Er brauche ihr doch nur zu erzählen, was er gemacht habe, und warum er, statt mit ihr die Abende zu verbringen, wie ein Verrückter durch die Stadt gelaufen sei.

»Du hast mir nachspioniert?«

»Nein, ich habe dich zufällig gesehen, das ist alles.«

Sie räumte das Geschirr ab und knüllte das vom Besteck schmutzig gewordene Tischtuch zusammen. Sie setzte sich hin und hielt es zwischen ihren Armen auf dem Schoß wie ein Baby, das sie sanft hin und her schaukelte.

»Was soll es bei dir schon zu kontrollieren geben«, sagte sie freundlich.

Am liebsten hätte er sie geschlagen. Aber er wußte, daß er das nicht schaffte und noch nie geschafft hatte. Er lief aus dem Zimmer in den Flur, knallte die Tür zu und hörte nicht, wie sie ihm hinterherrief, daß sie es nicht so gemeint habe. Das Tischtuch immer noch in den Armen stand sie auf, ging zur Waschmaschine und stopfte es vorsichtig, als sei es zerbrechlich, in die Trommel.

Früher hatte sie in solchen Fällen öfters seinen Vater erwähnt und gesagt: »Du hast gelogen, wie dein Vater zu lügen pflegte. Nur im Gegensatz zu dir gab's bei dem eine Menge zu kontrollieren.«

Das wußte Erika von Eckards Mutter. Die ließ nie eine Gelegenheit aus, über ihren geschiedenen Mann herzuziehen, obwohl sie schon drei Jahrzehnte von ihm getrennt und er tot war. Egal, ob in Eckards Beisein oder nicht, sie behauptete in ständiger Wiederholung, daß der Vater eine traurige Figur abgegeben habe, der zu nichts weiter fähig gewesen sei, als das mühsam verdiente Geld ins Bordell zu tragen.

Machte Eckard den Versuch, seinen Vater zu verteidigen, geriet die Mutter erst recht aus dem Häuschen, ging ins Detail und verspritzte Gift.

»Sei ruhig, Mutter«, sagte er denn, »er war mein Vater.«

»Deshalb erzähl' ich's dir ja, damit du nicht sein Ebenbild wirst.«

Sie sah nie die kleinen Schweißtröpfchen, die sich dann unter seiner Nase bildeten, ihr fiel auch nicht auf, daß seine Stimme plötzlich anders klang. Sie war stets ganz und gar mit dem Spott beschäftigt, mit dem sie Eckards Vater bedachte und gegen den der Sohn machtlos zu sein schien.

Erika Zilke hingegen entging das alles nicht. Nachdem sie erstmals Zeugin dieser, wie sie fand, peinlichen Situation geworden war, hatte sie sich auf dem Heimweg im Auto bei Eckard nach dem Vater erkundigt, der bis dahin von ihm ihr gegenüber nie erwähnt worden war.

Erst hatte Eckard nicht geantwortet, weshalb sie davon ausging, er habe sie nicht verstanden. Also hatte sie ihre Frage wiederholt, freundlich und ohne Arg. Darauf hatte er gebrüllt, sie möge sich gefälligst um ihre eigene Familie scheren, die seine ginge sie nichts an.

Ganz blaß war er dabei geworden, sein Gesicht

verzerrte sich, und er trat aufs Gaspedal, als sei ihnen der Teufel auf den Fersen. Kein Wort hatte er mehr mit ihr gesprochen, sich auch nicht von ihr anfassen lassen, geschweige denn ihr eine zärtliche Geste gestattet. Schweigend hatte er sie vor ihre Haustür gefahren, schweigend hatte er sie aussteigen lassen und schweigend war er, noch immer viel zu schnell, davongefahren.

Anderentags hatte er von dem Vorfall nichts mehr wissen wollen. Von seinem Vater, so hatte er gesagt, gäbe es nichts zu berichten.

Aber in Erika Zilke hatte der ihr unbekannte alte Fuhrgeber mit der Zeit einen festen Platz eingenommen. Und als die Auseinandersetzungen mit Eckard begannen, seine Demütigungen, Verletzungen und sein Sadismus, mit dem er ihr Liebe und Fürsorge heimzahlte, brachte sie den Alten immer öfters ins Spiel.

»Du bist wie dein Vater, du lügst und glaubst, ich fall drauf rein.«

Später brauchte sie den Vater gar nicht mehr zu erwähnen. Es genügte, wenn sie Eckard der Lüge bezichtigte, der Impotenz und seiner Vorliebe, bei ihr lieber gut zu essen, statt mit ihr zu schlafen.

Längst hatte sie sich an seinen Jähzorn gewöhnt, ließ sich nicht mehr einschüchtern und wußte mit ihm umzugehen wie mit einem störrischen Kind.

Spätestens nach zwei Tagen würde er sie anrufen oder vor ihrer Tür stehen und mit keinem Wort mehr erwähnen, was sich zwischen ihnen abgespielt hatte.

Auf der Baustelle angekommen ging Eckard Fuhrgeber nicht wie üblich ins Büro, sondern überprüfte erst die Arbeiten der einzelnen Bauabschnitte. Kein Weg war ihm dabei zu weit und zu mühsam. An Auskünften zeigte er nur Interesse, wenn er danach verlangte, und Begleitungen lehnte er im allgemeinen ab, egal ob sich einer der Poliere oder der jüngeren Kollegen dazu anbot. Was im Leistungsverzeichnis aufgeführt war, sah er sich lieber allein an und ohne Ablenkung durch das Gerede anderer.

Als er sich im Rohbau der Tiefgarage befand, wo das Licht dämmrig war und sein Schritt hallte, glaubte er plötzlich, den toten Vater zu sehen. Er hockte im Rund der Auffahrt, schemenhaft, dürr und klapprig, um im gleichen Augenblick schon wieder zu verschwinden. Allerdings war der Vater zu Lebzeiten weder dürr noch klapprig gewesen, sondern ein stattlicher Mann, von Eckards Größe, mit breiten Schultern, der wie der Sohn beim Gehen kaum die Arme bewegte.

Das Äußere des Mannes, der Eckard da eben vor die Augen gekommen war, hatte eigentlich nichts mit dem des Vaters zu tun, hätte ebensogut ein Penner sein können, der hier von seinem Schlafplatz verscheucht wurde. Daß es sich in Eckards Vorstellung dabei um den Vater handelte, war eher seiner Einbildung zuzuschreiben.

Und noch etwas kam hinzu. Eckard fühlte plötzlich eine Hand auf der Schulter. Der weiche, große Daumen des Vaters fuhr ihm in den Nacken und drückte leicht zwischen den Halsmuskeln auf die Wirbelsäule. Der alte Fuhrgeber schob seinen Sohn vorwärts, schubste ihn gar. Eckard drehte sich nicht um, wußte auch so, daß der Vater nicht zu sehen war, sondern nur zu fühlen, ein unsichtbarer, schweigsamer Kumpel, der ihm nahe war.

Als wäre in Eckard ein Rädchen in ein Raster gefahren, ging ab nun alles ohne Eile und ohne Pause seinen Gang. Er hielt sich nirgendwo länger auf als notwendig. Nur trug er den Kopf höher und seine Arme schienen unbeweglich, wie an den Körper genagelt zu sein. Wenn er etwas gefragt wurde, antwortete er knapp und vermied jedes weitere Gespräch.

»Gleich wird er wieder seine Notizen verlangen«, sagte die eine Sekretärin zur anderen, als sie ihn auf das Baubüro zukommen sahen.

»Woher weißt du das?«

»Ich seh' es ihm an.«

Beide Frauen starrten Eckard entgegen, und als er barsch, fast unhöflich nach seinen handgeschriebenen Notizen verlangte, grinsten sich die Frauen vielsagend zu.

»Was gibt's da zu lachen?« Und die beiden antworteten erschrocken: »Nichts.«

Er legte alle Papiere sorgfältig, dem Datum nach geordnet, in seinen Aktenkoffer, schloß ihn ab und setzte sich an seinen Schreibtisch.

Aber was er auch in Angriff nahm, er konnte sich nicht konzentrieren und warf statt dessen den Sekretärinnen prüfende Blicke zu.

Nur mit Mühe verbarg er seine Nervosität, und unversehens sehnte er sich nach der Hand des Vaters. Aber die war nicht mehr zu spüren, sosehr er auch den Kopf senkte, und wie immer blieb Eckard Fuhrgeber ohne Ausweg auf sich selbst gestellt.

Als zähle er seinen Pulsschlag, starrte er ständig auf die Armbanduhr. Aber nach der Tageszeit befragt, wäre er die Antwort schuldig geblieben. Nicht mal die Jahreszeit hätte er, ohne aus dem Fenster zu sehen, benennen können.

Nur allmählich verlor er das unangenehme Gefühl, am Leibe zu zittern. Auch die Unsicherheit ließ ihn langsam los und machte nach und nach dem Wunsch Platz, sich ohne Rücksicht auf andere zu beweisen, wozu er wirklich fähig war.

Als er sich mit flüchtigem Gruß verabschiedete, war sein Gang zielstrebig und sein Kopf ragte über den Hemdkragen hinaus, als sei er über die Zeit am Schreibtisch gewachsen. Eckard flüsterte vor sich hin, sprach die Worte im Takt seiner Schritte, setzte sich in sein Auto und fuhr langsam die kurze Strecke bis zum Redaktionsgebäude der Tageszeitung, als handelte es sich um eine Geländefahrt.

In der Anzeigenabteilung achtete er darauf, nicht von der jungen Frau gesehen zu werden, bei der er das letzte Mal seine Annonce aufgegeben hatte. Natürlich hätte er die ganze Prozedur auch telefonisch erledigen können, aber dann wären seine Daten gespeichert gewesen. So war nur seine Telefonnummer anzugeben, ansonsten zahlte er bar unter falschem Namen und falscher Adresse.

SCHREIBKRAFT GESUCHT, AUCH ANFÄNGERIN MÖGLICH, ARBEITSZEIT NACH VEREINBARUNG.

Wie immer fiel die Nervosität von ihm ab, nachdem er die Anzeigenabteilung verließ. Weder ragte sein Kopf besonders hoch aus dem Hemdkragen heraus, noch lief er mit steifen, wie angenagelten Armen zum Auto oder flüsterte vor sich hin. Eckard Fuhrgeber war in nichts von anderen Straßenpassanten zu unterscheiden, und als er den Motor seines Wagens anließ, fuhr er die gleiche Strecke, diesmal in schnellem Tempo, zurück, an der Baustelle vorbei, Richtung Innenstadt.

Normalerweise hätte er jetzt seinen Schachclub aufgesucht, hätte Gegner für Gegner schachmatt gesetzt und wäre danach als bewunderter Sieger nach Hause gefahren. Aber nach dem Vorfall mit Nele traute er sich dort nicht mehr hin, und er mußte sehen, wie er sich anderweitig ablenken konnte. Er fühlte das Hochgefühl kommen, das ihn jedesmal packte, wenn die Annonce aufgegeben war, wußte um die Anspannung in ihm, bis eine Frau sich meldete, die später sein Opfer werden würde. Auch das erforderte Berechnung und mußte Zug um Zug bis zum Ende vorbereitet werden.

Er stellte den Wagen in einer Parklücke ab und ging das letzte Stück zu Fuß. Jedes Lokal kannte er hier, jedes Geschäft. Er hätte sogar die Namen der Büros auswendig hersagen können, die auf blanken Messing- oder Chromschildern neben den Haustüren befestigt waren.

Wie Monde hingen die Straßenlaternen unterm nachtblauen Herbsthimmel, und über die Bürgersteige wirbelten gelb und braun die längst vertrockneten Blätter. Es roch muffig, nach Tod und Teufel, und der Westwind, der Regen versprach, war unangenehm kalt.

Eckard sah sie schon von weitem, erkannte sie an den Umrissen ihrer Gestalt zwischen einem Berg blauer, randvoller Plastiktüten, die unordentlich übereinander in einem Halbrund um sie herum auf Wagen und Karren geschichtet waren. Mülltüten, so sagten die Leute, mit Unrat gefüllt. Andere wußten es besser und behaupteten, in den Säcken befänden sich Lumpen. Wieder andere vermuteten darin zusammengeklaubtes Altpapier. Niemand wußte es genau, und zu fragen hatte keinen Sinn. Die Tütenlady gab keine Auskunft. Sie thronte sommers wie winters mit einem Fahrradhelm auf dem filzigen Haar, in einen dicken Mantel gewickelt, das runzlige Gesicht hinter einer Sonnenbrille versteckt, von mehreren, ramponierten Regenschirmen gegen Sonne, Wind und Regen geschützt auf einem alten Korbsessel, und kein Straßenpassant konnte je ihrem Blick folgen. Niemand wußte, ob sie schlief oder wachte. Ihr Kopf hatte immer die gleiche Haltung, aufrecht und einem Wachsoldat ähnlich geradeaus gerichtet. Auf Fragen gab sie nie Antwort, Almosen nahm sie nicht an, und auch die freundlichsten Worte veranlaßten keine Regung in ihrem grauen Gesicht.

Niemand in der Stadt wußte genau, seit wann es die Tütenlady gab. Gleich nach dem Krieg will man sie mit einem Handwagen und alten, halbgefüllten Säkken durch die Stadt ziehen gesehen haben. Da war sie nicht weiter aufgefallen, war eine von vielen, die auf diese Weise ihr Hab und Gut mit sich führten. Nachdem ein jeder ein Dach über dem Kopf hatte und sich wieder einzurichten begann, hatte man sie erst zu den Glücklosen unter den Ausgebombten und Flüchtlingen gerechnet. Mit der Zeit aber gehörte die herumziehende Frau mit dem Wagen und ihren Säcken, die sie später in Tüten umtauschte, zum Stadtbild. Als wollte sie sich in den einzelnen Stadtteilen persönlich vorstellen, war sie mal hier und mal dort aufgetaucht, bis sie eines Tages seßhaft wurde. Mit dem wachsenden Wohlstand im Lande hatten sich auch ihre Tüten vermehrt, und bald mußte sie dem ersten Wagen einen zweiten anhängen. Dem folgte nach Monaten ein dritter und so fort, so daß sie beim Überqueren von Kreuzungen den Verkehr aufhielt. Darauf schob sie die Wagen in Raten von einem Ort zum anderen, war ständig unterwegs und mußte immer öfters damit rechnen, in ihrer Abwesenheit von den Müllmännern bestohlen zu werden. Also verzichtete sie auf das Streunen durch die Stadt und richtete sich von einem zum anderen Tag an der Stelle ein, wo sie Eckard Fuhrgeber, der nur ein paar Schritte von ihrem Wohnplatz entfernt eine Wohnung bezogen hatte, mehrmals wegzuscheuchen versucht hatte.

Die Frau irritierte ihn. Dabei ging es ihm nicht nur um die Müllsäcke und den seinen Ordnungssinn störenden Anblick, es ging ihm viel mehr um die Selbstverständlichkeit, mit der sie für die Zeit ihres Lebens, umgeben von Unrat und Müll, in der Nähe seiner Wohnung Platz genommen hatte. Er fühlte sich beunruhigt. Ihr stures Schweigen, mit dem sie auf Fragen, Vorwürfe oder Drohungen reagierte, machte ihn wütend. Sie ließ sich weder einschüchtern noch davonjagen. Sie stellte rücksichtslos und für alle sichtbar ihren Wahnsinn zur Schau, und jeder, der sich an ihren Tüten zu schaffen machte, sie auch nur berührte, wurde lauthals von ihr beschimpft.

Hellhörig reagierte sie auf das leiseste Knistern, fuhr unter ihren verbogenen Regenschirmen wie ein Maulwurf hervor und wies den zu Tode erschrockenen Späher ausdrucksvoll und ordinär zurecht.

Auch Eckard hatte schon von der Alten sein Fett abbekommen. Seinen Aufforderungen, zu verschwinden, war sie nicht gefolgt, seine Fragen hatte sie nicht beantwortet, und auf seine Drohungen, die Polizei zu holen, zeigte sie keine Reaktion. »Was schleppen Sie denn überhaupt da mit sich herum?« hatte er einmal wissen wollen und war mit seinem Fuß an eine der Tüten gestoßen.

»Laß deine Finger von meinen Sachen, du mieser Ficker«, hatte sie darauf geschrien, daß es noch einen Häuserblock weiter zu hören gewesen war. Im ersten Augenblick hatte ihn nur Entsetzen erfüllt. Das Blut war ihm aus dem Gesicht gewichen, und er glaubte, sich nicht mehr bewegen zu können. Wie auf die Straße geklebt hatte er vor ihr gestanden und in ihre dunklen, undurchsichtigen Brillengläser gestarrt. Die Leute waren ebenfalls stehengeblieben, hörten zu, was sie ihm an Unverschämtheiten zurief, sahen ihn an und wunderten sich, daß er sich das nicht verbat oder wegging. Immer wieder nannte sie ihn mieser Ficker, Drecksack und Hundesohn, dem man nicht nur die Finger, sondern auch die Eier abhacken müsse.

Der Fahrradhelm zitterte auf ihrem Kopf. Aus ihren dünnen Lippen fuhren die Worte wie Blitze hervor, die allesamt Eckard Fuhrgeber trafen und ihn so lange zu verkleinern schienen, bis er fürchtete, von der Alten in eine ihrer Mülltüten gesteckt zu werden.

Erst das Gekicher ein paar Jugendlicher hatte ihn zur Besinnung gebracht. Wie in Panik verließ er den Schauplatz, während die Alte sich wieder unter die Schirme zurückzog und ihre gewohnte Haltung einnahm.

Später hatte er mit der Polizei telefoniert, mit der städtischen Straßenreinigung und mit dem Ordnungsamt. Die Folge war, die Tütenlady wurde enteignet. Über ihren erheblichen Aufstand und ihr großes Geschrei war am folgenden Tag in der Zeitung zu lesen. Und weil sie nun nichts mehr zu bewachen hatte, war sie zu Eckard Fuhrgebers Erleichterung endlich verschwunden.

Aber anderentags sah man sie wieder mit einem ihrer Wagen durch die Stadt ziehen, bepackt mit den blauen Tüten, von denen niemand wußte, was sie enthielten. Die Zahl ihrer Müllsäcke nahm abermals zu, und es war noch nicht eine Woche vergangen, da saß sie schon wieder da, von wo man sie fortgejagt hatte. Und als Eckard Fuhrgeber an ihr vorbeiging, glaubte er unterm Helm in den Falten ihres grauen Gesichtes ein hämisches Grinsen zu sehen.

Dieser Vorgang hatte sich schon unendliche Male mit dem einen Unterschied wiederholt, daß die Männer der städtischen Straßenreinigung immer erst dann die Säcke abtransportierten, wenn die

Lady nicht da war, sich Essen besorgte, ihre Bedürfnisse verrichtete oder dabei war, neue Tüten heranzuschaffen.

Heute war das anders. Schon von weitem sah Eckard die Warnlampen des Müllautos im Abendlicht zukken und ahnte, was sich da gleich abspielen würde. In dem Gefühl tiefer Befriedigung, auch um sich nichts entgehen zu lassen, legte er an Tempo zu.

Die Alte saß aufrecht über den Tüten, den Helm ins Gesicht gezogen und die dunklen Gläser ihrer Sonnenbrille in die beginnende Nacht gerichtet, den sich nähernden Feind im Blick. Noch bewegte sie sich nicht, noch schwieg sie und stellte sich tot wie ein Käfer, dem Lebensgefahr droht.

Eckard Fuhrgeber glaubte sie atmen zu hören, so dicht stand er jetzt vor ihr. Er beugte sich über die Tüten, nahm deren dumpfen Geruch wahr und sagte: »Jetzt bist du dran!« Er fügte keine Beleidigung hinzu, auch kein Wort des Triumphs. Er sah sie nur an und hoffte, daß sie in dem, was ihr jetzt bevorstand, sein Werk erkennen würde.

Noch hatten die Männer ihre Arbeit nicht begonnen, sondern waren damit beschäftigt, den Müllschlucker so nahe wie möglich an die Tüten der Tütenlady heranzufahren, noch hielt sie still und blieb stumm. Nur der Helm zitterte auf ihrem Kopf und signalisierte Alarmstimmung.

Erst als einer der Müllmänner nach einem Sack griff, fuhr sie aus ihrer Erstarrung hoch, lärmte und schrie, schlug mit ihren Regenschirmen um sich, hatte sogar kleine Steine parat, mit denen sie nach und nach um sich warf. Aber nur Eckard wurde von ihr getroffen, was bei ihm ein befreiendes, lautes Lachen auslöste.

Längst war sie aus ihrem Sessel gesprungen, drehte sich schreiend im Kreis und belegte die Männer mit den übelsten Schimpfworten.

»Na, na«, sagten die gutmütig, »mach mal halblang, Oma.«

Eine der blauen Tüten nach der anderen flog in das mahlende Loch des Müllschluckers. Manchmal krachte es ein wenig, meistens aber war nichts weiter als der Motor des Wagens zu hören.

»Was hat sie denn da drin?« fragte Eckard spöttisch einen der Straßenreiniger in den orangefarbenen Anzügen und erhielt als Antwort nur einen schiefen Blick.

Eckard kam es vor, als solidarisierten sich die Männer mit ihrem Opfer. Sie gaben weder Auskunft, noch ließen sie jemanden an die Tüten heran, von denen sie gerade soviel zurückließen, wie die Alte tragen konnte. Ihr Geschrei war jetzt in ein Jammern übergegangen. Sie warf weder Steinchen, noch fuchtelte sie mit ihren Schirmen herum. Zu Eckards Verblüffung nahm sie sogar den Helm ab. Sie gab sich geschlagen, legte die ihr verbliebenen vier Tüten auf einen ihrer Handwagen und zog, ihres anderen Besitzes enteignet, klagend davon, um sich, wie jedermann wußte, wieder neu anzueignen, was ihr heute genommen worden war.

Eckard Fuhrgeber sprach den Müllmännern mit Befriedigung seinen Dank aus, den die aber nicht weiter zur Kenntnis nahmen, sondern sich auf die

Trittbretter ihres Wagens schwangen, mit dem sie, ohne sich umzublicken, den von Säcken und Tüten gesäuberten Schauplatz verließen. An die Hauswand gelehnt stand einsam nur noch der Sessel der Alten, daneben zwei ihrer nun leeren Handkarren, die die Männer aus Mitleid nicht mitgenommen hatten.

Als das Müllauto verschwunden und von der Tütenlady nichts mehr zu sehen war, fühlte sich Eckard einen Augenblick lang versucht, im Sessel der Alten Platz zu nehmen. Kaum aber wurde ihm sein absonderlicher Wunsch bewußt, erschrak er und floh Hals über Kopf in seine Wohnung, legte sich früher als sonst ins Bett und schlief traumlos und fest ohne aufzuwachen bis zum Morgen.

Erika Zilke rechnete damit, Eckard mindestens zwei Tage lang nicht mehr zu sehen. Als er wütend ihre Wohnung verlassen hatte, schien sie sogar von Nachsicht erfüllt. Den Nachmittag hatte sie sich freigenommen, wollte einkaufen gehen, zum Friseur und später ins Kino, wohin Eckard sie hin und wieder zu begleiten pflegte. Aber mit ihm war heute kaum zu rechnen, und so verzichtete sie darauf, sich das Filmprogramm anzusehen. Zwar tat es ihr leid, daß Eckard sie nicht so frisch frisiert und um Jahre jünger wirkend und mit einer neuen Bluse bekleidet sah, aber die Laune verdarb ihr das nicht. Nachdem sie sich im Spiegel betrachtet und die Lippen noch einmal nachgezogen hatte, holte sie ihre Fotoalben hervor und setzte sich ins Wohnzimmer. Die Einbände waren abgegriffen und das Seidenpapier zwischen den einzelnen Seiten vom vielen Umblättern eingerissen. Einige Fotos sahen ramponiert aus und hatten Eselsohren, als habe man sie Gott weiß wo mit herumgeschleppt. Auf jedem Bild war Eckard Fuhrgeber zu erkennen. In allerhand Posen war er teils mit, teils ohne Erika Zilke abgelichtet. Meist schaute er in die Kamera. Ohne von seiner Begleiterin Notiz zu nehmen, zeigte er sich in aufrechter Haltung, einem Feldherrn ähnlicher als einem Liebhaber. War er auf einem der Bilder allein, womöglich von Erika Zilke aufgenommen, blickte er finster der Fotografin entgegen, als ginge von ihr Gefahr aus. Das alles machte Erika Zilke nichts aus. Sie betrachtete Fotografie für Fotografie mit immer der gleichen Intensität, und manchmal strichen sogar ihre Fingerkuppen über Eckard Fuhrgebers Gesicht, als könne sie dadurch ein Lächeln hervorzaubern. Die größeren Fotos nahm sie aus dem Album und stellte sie vor sich hin auf den Tisch gegen Aschenbecher und Vase gelehnt.

»Ich will alles für dich tun«, wisperte sie, den Fotos zugewandt, »alles.«

Tränen quollen dabei aus ihren Augenwinkeln, nicht größer als Stecknadelköpfe, die sogleich im Faltenkreis der Krähenfüße verschwanden und deshalb von Erika Zilke nicht wahrgenommen werden konnten.

Nachdem die Anzeige von Eckard Fuhrgeber in der Zeitung erschienen war, hielt er sich, soweit es ihm möglich war, in der Nähe des Telefons auf. Er ging morgens später auf die Baustelle und kam abends pünktlich, ohne Umwege zu machen, zurück, um zu Hause als erstes den Anrufbeantworter abzuhören.

Zwei Frauen hatten sich gemeldet, aber keine Namen und Nummern hinterlassen. Sie wollten ihren Anruf gegen Abend wiederholen, hatten sie ihm auf dem Band mitgeteilt und danach grußlos aufgelegt. Eckard Fuhrgeber sah auf die Uhr, baute sein Schachspiel auf und übte sich in Geduld.

Später klingelte das Telefon gleich zweimal kurz hintereinander. Die Stimmen der Frauen klangen jugendlich. Ja, sagten sie, mit einem Computer könnten sie umgehen und es sei ihnen auch recht, in der Wohnung des Arbeitgebers zu schreiben, was zu schreiben wäre.

Soviel Glück hatte Eckard Fuhrgeber seiner Meinung nach noch nie gehabt. Keine Fragen, keine Vorbehalte. Die eine bestellte er sich für den kommenden Tag ein, die andere für die kommende Woche. Mit Befriedigung hörte er die Aufregung in ihren Stimmen und die Unsicherheit, ob ihre Leistungen seinen Ansprüchen auch genügten. Er hingegen tröstete sie, machte ihnen Mut und malte sich aus, wie sie neben ihm sitzen würden, diesmal vielleicht ohne Abwehr, ihm zugetan und in Erwartung einer Annäherung.

Andererseits dachte er auch an ihr wachsendes Entsetzen, wenn sie begriffen, um was es ihm ging, ahnte im voraus, wie sie ihn anflehen würden, ihnen nichts anzutun, kannte ihre Versprechungen, bis ins Grab zu schweigen, wenn er sie nur laufen ließe. Er roch ihren Angstschweiß, der ihn erregte. Er konnte sich schon jetzt den Augenblick ausrechnen, von dem ab sie sich nicht mehr wehrten und er sich ihrer bemächtigen würde.

Allerdings gefiel ihm die Vorstellung, daß sich ihm die Frauen von allein hingeben würden, weit mehr, und er träumte davon bis zu der Stunde, wo er das Klingeln an seiner Wohnungstür erwartete.

Wie üblich hatte er sich vorher geduscht, trug seinen kniekurzen Bademantel, ein Handtuch um den Hals gelegt und hatte das Haar naß zurückgekämmt.

Ein Blick aus dem Fenster überzeugte ihn davon, daß die Tütenlady noch nicht wieder ihren Stammplatz bezogen hatte. Vielleicht war es ihm diesmal gelungen, die Alte für immer verjagt zu haben, und niemals mehr würde jemand zu ihm mieser Ficker sagen.

Eckard genoß die nachmittägliche Stille, blinzelte in das herbstliche Sonnenlicht, in dem ihm das Rot der Blätter in den Platanen vor seinem Haus besonders gefiel.

Als es dann wirklich an der Haustür schellte, fuhr er zusammen. Einen Augenblick schien es, als wolle er gar nicht öffnen, so verstört sah er aus. Er blieb sogar sitzen und erhob sich erst, als ein zweites Mal auf die Klingel gedrückt wurde.

Auf Zehenspitzen ging er zur Tür. Unendlich vorsichtig klappte er das Deckelchen vom Spion, kniff schon im voraus ein Auge zu und sah hindurch.

Sein ganzer Körper spannte sich, und er mußte den Kopf an die Tür lehnen. Was er da sah, konnte er weder begreifen, noch sich erklären. Vor der Tür stand Nele Steinbecker und lächelte ihm durch das

Vergrößerungsglas des winzigen Gucklochs zu. Und weil er immer noch nicht öffnete, sondern wie gelähmt an der Tür lehnte, klingelte sie ein drittes Mal und danach in wiederkehrenden Abständen, als handelte es sich um ein für ihn bestimmtes Signal.

Seine Hände betasteten das Holz der Tür, und er fühlte Neles Haut warm und ganz zart unter seinen Fingerkuppen. Eine unbeschreibliche Sehnsucht packte ihn, seinen Kopf zwischen ihre Brüste zu legen, um zu träumen, vielleicht auch nur, um dort einzuschlafen.

Eins jedenfalls stand für ihn fest, sie war gekommen, um ihm zu verzeihen. Vergangenes hatte sich in Luft aufgelöst, alles, was vor ihm lag, bedeutete nun Ruhe und Geborgenheit. Ein Film lief vor ihm ab, tonlos und ohne Worte. Im Guckloch streckte Nele die Arme nach ihm aus, zog ihn hindurch und trug ihn fort. Fort über Berge an Meeresstrände, zeigte sich mit ihm zwischen Menschen oder sah ihm beim Schachspiel zu, begleitete ihn in den Klub, saß neben ihm und den anderen gegenüber, verließ ihn auch in der Dunkelheit nicht und teilte die Nacht mit ihm in Liebkosungen auf.

Eckard Fuhrgeber mußte schlucken. Sein Adamsapfel tanzte, als säße er bei Erika Zilke am Tisch und äße dort deren Rindersteak mit Steinpilzen und Schwarzwurzeln.

Endlich konnte er sich wieder bewegen, obwohl ihn das Entzücken über das, was er sich in Windeseile ausgemalt hatte, nicht verließ. Ganz langsam hob er die Hand zur Klinke und öffnete behutsam und sehr weit die Tür.

Der Stummfilm riß, die Bilder verschwanden und das Entzücken, das Eckard Fuhrgeber eben noch erfüllt hatte, verwandelte sich in Bestürzung.

Nicht nur, daß Nele Steinbecker grußlos hereinstürmte, es folgten noch zwei weitere Frauen, die sich vorher rechts und links von der Tür verborgen gehalten haben mußten. Alle drei stellten gleichzeitig einen Fuß zwischen Tür und Schwelle, hielten sich aneinander fest, drängten ihn beiseite und einem Überfall ähnlich in die Wohnung, nur daß sie keine Waffen bei sich trugen. Einzig die Tür, die fiel wie ein Schuß hinter ihnen ins Schloß. Eckard Fuhrgeber schnappte nach Luft, zupfte an seinem kniekurzen Bademantel und bat um eine Erklärung dieses absonderlichen Besuchs.

»Das fragen Sie noch?« fragte die, die sich von links durch die Tür geschoben hatte und ihm dabei fast auf die Füße trat. Klein war sie, rundlich und blond mit großen unruhigen Augen, die in ihm sofort Erinnerungen wachriefen. Sie war eine von denen gewesen, die sich überhaupt nicht gewehrt hatten. Als er sie damals anwies, sich auszuziehen, hatte sie ihre Kleider in präziser Ordnung über den neben ihr stehenden Stuhl gelegt. Dabei war ihm das Zittern ihrer Füße aufgefallen. Er hatte noch nie einen Menschen gesehen, dessen Füße zitterten, solange er auf ihnen stand. Das Zittern hatte sich in ihrem Körper fortgesetzt und auch nicht nachgelassen, als er über sie hergefallen war. Später hatte sie gewimmert und nicht eher damit aufgehört, bis er sie aus der Tür jagte. Er wußte nicht mehr, ob sie überhaupt ein Wort gesagt hatte. Unheimlich war sie ihm mit diesem Gejammer geworden, und seine Erleichterung fiel ihm wieder ein, als sie aus der Wohnung verschwunden war.

Die andere, die von rechts hinter Nele den Fuß in die Tür gestellt hatte, behauptete jetzt, er habe gar keine Erklärung zu erwarten.

»Was dann?«

»Zuhören«, sagte sie und lachte dabei, daß er sich seines Aufzugs bewußt wurde und unter dem Bademantel zu frieren begann. Wut stieg in ihm hoch, auch Angst, weil er nicht begriff, woher diese Frauen sich kannten und wieso sie gemeinsam zu ihm in die Wohnung gekommen waren. Als das Lachen verstummte, war ihm die darauf folgende Stille noch unangenehmer. Vielleicht würden sie sich gleich alle drei auf ihn werfen. Die, die eben noch gelacht hatte, umkreiste ihn jetzt mit festen Schritten.

Wie gebannt starrte er auf ihre langen, roten Fingernägel, die wie Flämmchen flackerten, zu glühen begannen und in seinem Gesicht den Schmerz hervorriefen, den sie ihm vor Monaten zugefügt hatten.

Keine hatte sich so gewehrt wie diese Frau, von der für ihn auch jetzt die größte Bedrohung ausging. Petra Willich. Wie eine Katze war sie auf ihn losgegangen, hatte ihm nicht nur das Gesicht zerkratzt, sondern auch den Hals, und sie hatte ihn mit scharfen, kantigen Zähnen gebissen. Die Wunde war schlecht verheilt und hatte eine Narbe auf seinem Handrücken hinterlassen, die nicht zu verbergen war.

Eine Hündin habe ihn angefallen, hatte er später Erika Zilke erklärt, eine wildgewordene, streunende

Hündin, und Erika hatte ihm wortlos den Biß, der nicht wie ein Hundebiß aussah, mit Jod ausgepinselt und dann verbunden. Ab da trug er diese knallrote Minimondsichel wie ein Brandzeichen, für alle Welt sichtbar, mit sich herum.

Petra Willich blieb plötzlich stehen, zeigte auf seine Hand mit der Narbe und sagte zu den anderen Frauen: »Die ist von mir.«

Sofort kamen sie näher und betrachteten voller Respekt, wozu sie nicht fähig gewesen waren.

»Und«, fragte Nele, als sei Eckard nicht gegenwärtig, »hat er dich trotzdem vergewaltigt?«

Petra Willich nickte. Sprechen konnte sie nicht, und einen Augenblick lang war es wieder still. Die drei Frauen, die dicht nebeneinander standen, ließen Eckard nicht aus den Augen. Ganz ruhig waren sie und gelassen, als hätten sie viel Zeit.

Eckards Blick hing indessen an Nele. Sein Traum war ausgeträumt. Nicht aus Zuneigung, sondern aus Rache war sie zu ihm zurückgekehrt. Nichts da mit Meeresstränden und in Liebkosungen aufgeteilte Nächte. Ans Leder wollten sie ihm und ihn fertigmachen. Frage um Frage jagte durch seinen Kopf. Was hatten die Frauen mit ihm vor, und mit welcher von ihnen hatte er telefoniert?

Nicht einmal ihre Stimmen hatte er wiedererkannt. Vielleicht gab es noch eine vierte, eine fünfte. Er wußte nicht mehr, wieviel Frauen er sich im Laufe der Zeit einbestellt hatte. Gar nichts wußte er, auch nicht, wie die rundliche Blonde hieß, die plötzlich auf seinen Bademantel zeigte und zu kichern anfing. Ohne Fröhlichkeit, das hörte er. Es war das Kichern einer Person, die ihrer Wut Luft machte, und Petra Willich lachte mit. Nur Nele blieb stumm, zog verächtlich die Mundwinkel abwärts und murmelte leise einen Satz, von dem er als einziges das Wort Schwein verstand.

»Was wollt ihr hier?« rief er. Die Frauen antworteten nicht, sie sahen ihn nur von unten bis oben an.

»Schließlich bin ich nicht einmal richtig angezogen«, fuhr er wütend fort und mußte in Kauf nehmen, daß die Blonde schon wieder zu kichern anfing.

»Eine andere Bekleidung ist uns an Ihnen nicht bekannt«, sagte Petra Willich. Alle drei gingen sie jetzt an Eckard vorbei ins Wohnzimmer, dem Ort, wo ihnen Gewalt angetan worden war und ließen sich dort mit einer für ihn bedrohlichen Selbstverständlichkeit auf Sofa und Sessel nieder.

Es blieb ihm gar nichts anderes übrig, als ihnen zu folgen. »Kann ich vielleicht erfahren, was das Theater soll?« fragte er, setzte sich vor seinen Schachtisch und versteckte die Hand mit der Narbe in der Tasche seines Bademantels.

Zu seinem Erstaunen war es nicht Petra Willich, die ihm antwortete, sondern Nele. Langsam sprach sie und anfangs auch leise.

Ehrlich gestanden fürchtete sie sich zu berichten, was Eckard Fuhrgeber wissen wollte. Hätte ihr Petra nicht immer wieder zugenickt und sie mit Gesten ermuntert, Nele wäre in Schweigen verfallen, in Angst und in Schrecken.

Endlich schilderte sie, wie lange sie gebraucht habe, bis sie nach der Begegnung mit ihm im Supermarkt ihre Sprache wiedergefunden habe. Max, ihr Mann, sei außer Haus gewesen und der Junge im Kindergarten. Niemand habe ihre Rückkehr im Polizeiauto bemerkt, und so habe sie auch keinem Menschen etwas von ihrem Erlebnis berichten können.

»Warum auch«, warf Fuhrgeber ein, »das hätte die Sachlage kaum geändert.«

»Halt den Mund!«

Eckard fuhr herum. Das hatte die kleine Blonde gesagt. Wie frech die auf einmal war und wie aufsässig sie ihn ansah. Er hätte ihr gern auf die Backen geschlagen. Endlich fiel ihm ihr Name ein. Dorte hieß sie, Dorte Pawel. Schon ging er auf sie zu, vergaß die Lage, in der er sich befand und hob die Hand.

Sofort standen alle drei Frauen auf und bildeten Schulter an Schulter abermals diese kleine Front. Und ohne sich vorher abgesprochen zu haben, starrten sie wie hypnotisiert auf seine Hand, auf die knallrote, halbrunde Narbe von Petras Biß. Einen Augenblick lang glaubte er, abermals würden Zähne in sein Fleisch schlagen, diesmal um Stücke herauszureißen. Vielleicht würden sie ihn verschlingen und die Knochen der Tütenlady zur Aufbewahrung bringen.

»Schon gut«, sagte er mit gespielter Ruhe, um Zeit zu gewinnen, und Petra, Nele und Dorte setzten sich wieder hin. Nele fuhr fort zu berichten, daß sie lange und teilnahmslos in der Wohnung gesessen habe. Plötzlich aber sei sie aufgesprungen und habe ein unbeschreibliches Chaos angerichtet. Vasen hätte sie zerschlagen, Blumentöpfe umgeworfen, Milch aus dem Eisschrank gekippt, Schuhe durch die Gegend geworfen, Bohnerwachs aus dem Fenster, und schließlich habe sie mit beiden Füßen auf ihrem und ihres Mannes Bett herumgetrampelt. Dabei hätte sie geschrien, aber nicht wie im Kaufhaus, stöhnend aus dem Bauch heraus, sondern viel höher und wild, als müsse sie sich für etwas Mut machen. Danach sei ihr besser gewesen. Nele sah Petra und Dorte an, die die Geschichte schon kannten, dann Fuhrgeber, der ihr gelangweilt zuhörte und dabei zu überlegen schien, wie er diese verrückt gewordenen Frauen am schnellsten loswerden konnte.

»Jetzt wird es auch für Sie spannend«, sagte Nele fast höflich zu Eckard, und während sie den weiteren Vorgang minuziös berichtete, durchlebte sie alles noch einmal.

Es habe eine Weile gedauert, bis sie in dem Durcheinander die von Fuhrgeber aufgegebene Annonce gefunden hatte. Mit welcher Sorgfalt sie das Stück dann glattstrich, zusammenfaltete und in ihr Portemonnaie gesteckt habe, sei ihr erst später bewußt geworden. Mehrere Tage habe sie das Papierstückchen mit sich herumgetragen, immer wieder den Text gelesen und es wie ein Kleinod gehütet.

Als Max vom Gericht nach Hause kam, war die Wohnung wieder tipptopp, und auch ihr Sohn Robert habe nichts von der Verwüstung bemerkt, die die Mutter am Vormittag angerichtet hatte. Nachdem drei Tage vergangen waren, sie in den Nächten kaum geschlafen und darunter gelitten habe, mit niemandem ihren Plan besprechen zu können, habe sie sich auf den Weg zu der Anzeigenabteilung der Tageszeitung gemacht.

Was sie sich dächte, war die Antwort auf ihre Frage, ob diese Annonce öfters und immer von ein und demselben Mann aufgegeben würde, mit welcher Begründung sie darauf eine Auskunft bekommen wolle?

Erst habe sie geschwiegen, war nur rot geworden und sei beinah davongelaufen, als sie sich selbst langsam und deutlich sagen hörte: »Weil dieser Mann mich vergewaltigt hat.«

»Was sagen Sie da?«

Sie habe den Satz wiederholen und sich anstarren lassen müssen. Dann habe die Frau wortlos nach dem Fetzen Papier gegriffen und sei damit zu ihren Kolleginnen gelaufen. Die hätten die Köpfe zusammengesteckt, miteinander getuschelt und immer wieder zu ihr herübergesehen, bis eine der jüngeren unter ihnen sich aus dem Kreis gelöst habe, zu ihr gekommen sei und gefragt habe: »Ist das wirklich wahr?«

»Ja«, habe sie geantwortet und die junge Frau: »Ich kann mir das gar nicht vorstellen. Der Herr machte auf mich so einen korrekten Eindruck. Wenn mich jemand nach ihm fragt, ich würde sagen, er ist was Besseres.«

»Ja«, habe sie wiederholt, so sei er ihr auch vorgekommen.

»Und haben Sie ihn angezeigt?«

»Bis jetzt noch nicht, mir fehlen Beweise. Deshalb bin ich hier.«

»Und was kann ich für Sie tun?« habe die junge Frau leise gefragt, und sie habe ebenso leise geantwortet, daß es ihr um eine Bestätigung der immer gleichen Anzeige von immer der gleichen Person ginge.

An dieser Stelle riß Eckard Fuhrgeber der Geduldsfaden und er klatschte in die Hände, als wollte er ein paar Hühner auseinandertreiben.

»Ich verlange, daß ihr jetzt augenblicklich meine Wohnung verlaßt, sonst...«

»Was sonst?« fragten Petra und Dorte wie aus einem Mund.

Eckard biß sich auf die Lippen. Für ihn gab es kein *sonst*. Nichts da mit Polizei, die die Weiber aus seiner Wohnung räumten wie die Tütenlady von der Straße.

Hier war er der Ausgelieferte. Er mußte sich etwas anderes einfallen lassen.

Nele war inzwischen wieder bei ihrer Geschichte.

Sie sei es gewesen, die nun ihrerseits eine Anzeige formuliert und aufgegeben habe.

FRAUEN, habe sie in Druckschrift auf ein Formular der gleichen Tageszeitung geschrieben, DIE AUF GRUND EINER ANZEIGE SCHREIBARBEITEN FÜR EINEN ARCHITEKTEN MIT DER TELEFONNUMMER 3521890 ÜBERNEHMEN WOLLTEN, ZU EINEM GESPRÄCH EINBESTELLT UND DABEI SEXUELL BELÄSTIGT WURDEN, MELDEN SICH BITTE UNTER CHIFFRE ODER BEI... und sie habe sowohl ihren Namen, wie ihre eigene Telefonnummer genannt.

»Sie wollen wirklich Ihren vollen Namen in der Anzeige angeben?« habe die junge Frau zögernd gefragt und hinzugefügt, daß sich Nele damit vielleicht selbst in ein merkwürdiges Licht rücke.

Aber Nele habe nur gelächelt. »Ich stehe doch schon längst in diesem merkwürdigen Licht, wie Sie das nennen«, habe sie gesagt, »und ich muß sehen, daß ich da wieder rauskomme.«

Eckards Aufmerksamkeit nahm langsam zu. Auf diese Weise hatten sich also die Frauen gefunden, und er mußte sogar damit rechnen, daß es noch mehr wurden. Er fühlte, wie er unter den Blicken von Nele, Petra und Dorte nervös wurde. Pausenlos zupfte er an seinem Bademantel. Jetzt traute er sich nicht einmal mehr, sich hinzusetzen, fürchtete ihre Blicke und lief statt dessen auf und ab.

»Ihr seid ja verrückt«, sagte er mehrmals vor sich hin, »total verrückt.«

Die Frauen reagierten nicht. Nur als er sich auf die Flurtür zubewegte und damit zu rechnen war, daß er das Zimmer verließ, machten sie Anstalten aufzustehen und ihm zu folgen.

Petra zeigte sich dabei besonders eifrig. Wie ein Jagdhund paßte sie auf ihn auf, verfolgte jede seiner Bewegungen und blieb ständig auf der Hut.

Nele wollte gerade in ihrem Bericht fortfahren, als sich Dorte einmischte. Sie sei jetzt dran, sagte sie energisch, schließlich habe sie sich ja auf die Anzeige hin bei Nele als erste gemeldet.

Sie mußte allerdings zugeben, daß sie auf die Anzeige von allein gar nicht aufmerksam geworden war. Eine Kollegin habe sie darauf angesprochen.

»Du mußt da anrufen«, hatte sie zu Dorte gesagt, »und wenn du es nicht tust, dann mach' ich es.«

Eine Stunde später hatten sie zu zweit in einer Telefonzelle gestanden, beide Köpfe an den Hörer gedrückt, während Dorte mit zitternden Fingern Neles Nummer wählte. Als sich dann aber nach dem immer wiederkehrenden Signalton ein Mann meldete, brachte Dorte kein Wort heraus. Je länger sie schwieg, um so lauter dröhnte das Hallo in ihrem Ohr, verwandelte sich in Fuhrgebers Stimme und versetzte sie in ihren, sich nächtlich immer wiederkehrenden Alptraum, den sie mit einem einzigen Satz umschrieb: »Gehorchen und sich ausziehen oder sterben zu müssen.«

»So ein Quatsch«, unterbrach Fuhrgeber Dorte, »als wenn ich jemals einer Frau nach dem Leben getrachtet hätte.«

»Aber ich, ich hatte damals hier in dieser Wohnung vor ihm Todesangst«, erwiderte Dorte leise. Dabei zeigte sie auf Fuhrgeber, als stünde er unansprechbar hinter schalldichtem Glas.

»Weiter«, sagte Petra, »erzähl weiter.«

In der Telefonzelle war Dorte ganz steif geworden, und der Hörer wäre ihr beinah zu Boden geglitten, wenn ihn nicht die Kollegin aufgefangen hätte.

»Entschuldigung«, hatte die hastig statt Dorte ins Telefon gesagt, nannte deren Namen und verlangte Nele Steinbecker zu sprechen. Der Mann am anderen Ende bat freundlich um Geduld, er müsse seine Frau erst holen.

»Jetzt redest du«, hatte die Kollegin gesagt. Aber mit Dorte war nichts anzufangen. Stumm stand sie an die Zellenwand gelehnt, schneeweiß im Gesicht, mit aufgerissenen Augen.

»Ich kann nicht«, hatte sie geflüstert, »laß mich hier raus, bitte.«

Aber die Kollegin blieb unerbittlich und hatte Dorte am Arm festgehalten, damit die nicht umfiele oder davonliefe, sondern endlich selbst sagte, was zu sagen war. Nur aus Dorte kam außer diesem kleinen Wimmern, das Fuhrgeber schon verrückt gemacht hatte, kein Wort heraus.

»Hören Sie selbst«, hatte die Kollegin zu Nele gesagt, »sie schafft es nicht mal Ihnen zu sagen, wie sie heißt.«

»Geht es um die Anzeige?« hatte Nele gefragt.

»Ja, um die geht es, und wir wollten wissen, ob Sie auch...«

Die Kollegin wußte nicht genau, wie sie sich ausdrücken sollte und hatte den Satz schließlich mit den Worten beendet: »na, Sie wissen schon.«

»Ja«, hatte Nele sachlich geantwortet, »ich bin auch von diesem Fuhrgeber vergewaltigt worden.«

Mit dieser Offenheit hatten die beiden Frauen nicht gerechnet, und fast sah es aus, als wenn Dorte wieder zu sich käme. Die Kollegin drückte darauf den Hörer an den Kopf. »Sag, daß es dir auch passiert ist.«

Aber statt zu antworten, hatte Dorte den Kopf geschüttelt und wieder zu wimmern begonnen. »Ich kann nicht, ich kann wirklich nicht, bitte laßt mich in Ruhe.«

»Warum?« hatte Nele gefragt, »wenn du willst, kannst du reden, ich kann es ja auch.« Dorte behauptete später, es wäre das Du gewesen, mit dem Nele ihr Vertrauen gegeben hätte. Das Du und die Tatsache, daß Nele ihr, einer Unbekannten gegenüber, die Vergewaltigung ohne Umstände eingestanden habe. »Ich schäme mich so«, hatte Dorte ins Telefon geflüstert und von Nele zur Antwort bekommen: »Ich weiß, aber du hast keinen Grund, dich zu schämen. Wütend mußt du sein, zornig und dich wehren.«

»Wie soll ich mich denn wehren, jetzt, wo alles längst geschehen und nichts mehr zu machen ist?«

Als Erwiderung hatte Nele Ort und Zeit gesagt, wo sie sich mit ihr treffen wollte, dann würde man weitersehen.

Plötzlich mochte Dorte nicht mehr weitererzählen. Sie sah zu Eckard Fuhrgeber hinüber, der sein Auf und Ab eingestellt hatte und mit gekreuzten Beinen und untereinandergeschlagenen Armen am Fenster lehnte.

Neles Bericht hatte ihn beunruhigt, der von Dorte langweilte ihn. Er hielt die rundliche Blonde für hochgradig hysterisch, und wenn er nicht in so einer prekären Lage steckte, er hätte über sie gelacht.

»Ich möchte, daß er sich was anzieht«, sagte Dorte für alle unerwartet und wandte den Blick angeekelt von ihm ab.

Aber Petra wollte davon nichts wissen. Fuhrgeber solle sich in seinem Vergewaltigungskostüm so lächerlich wie möglich vorkommen, sagte sie, Dorte brauche sich ja seine behaarten Beine nicht anzusehen.

Eckard meinte verächtlich, die Damen hätten weiß Gott eine Menge Einfälle, um ihn in die Bredouille zu bringen, aber ehrlich gesagt, langsam amüsiere ihn das Affentheater, das ihm hier vorgespielt würde.

»Nicht mehr lange«, antwortete Petra so ernst, als täte ihr Eckard Fuhrgeber leid, »dann haben nämlich Sie Ihren Part zu spielen, und ob der so lustig für Sie ist, das bezweifle ich.«

Und nun begann sie mit der Schilderung ihrer Vergewaltigung. Ganz ohne Emotionen erzählte sie, als habe sie immer noch nicht begriffen, daß auch sie zu einem der Opfer von Fuhrgeber gehörte.

»Erst habe ich das Ganze für einen Witz gehalten«, begann sie, »und den Bademantel fand ich ehrlich gesagt eher komisch, als daß ich mich durch ihn gewarnt gefühlt hätte. Ich war hergekommen, um zu arbeiten und mir ein bißchen Geld zu meiner Arbeitslosenunterstützung hinzuzuverdienen. Etwas anderes interessierte mich nicht. Ich habe ihm auch ohne Mißtrauen gestattet, mich beim Vornamen zu nennen. Eben ein alter Chauvi, der es nicht lassen kann, den Macker zu mimen, habe ich mir gedacht. Als ich dann merkte, was los war und was er von mir wollte, war es zu spät. Raus konnte ich nicht mehr. Er hatte, genau wie bei euch, vorher die Tür abgeschlossen. Wie verrückt bin ich hier rumgerannt, hab' allerhand Gegenstände runtergeschmissen, an die Fenster getrommelt, die ich nicht aufmachen konnte und ihn angebrüllt, er solle es nicht wagen, mich anzufassen.

Er aber sitzt da, rührt sich nicht, betrachtet mich wie ein im Käfig wild gewordenes Tier, lächelt und macht seinen Bademantel auf. Ich war so perplex, daß ich mit meiner Raserei aufgehört habe, und genau in dem Augenblick springt er hoch und geht auf mich los.«

Petra sah ihre Leidensgefährtinnen an, als könnten die ihr sagen, was sie in ihrem Bericht vergessen habe. Aber Nele und Dorte nickten ihr nur zu, sie möge weitererzählen, so wie sie es im Café miteinander ausgemacht hatten. Längst kannte eine die Geschichte der anderen. Jetzt ging es nur darum, sie Fuhrgeber zu erzählen, egal, ob er sie hören wollte oder nicht.

Dem war es kaum noch möglich, sein spöttisches Lächeln beizubehalten. Immer mehr glitt es in ein Grinsen über und wurde schließlich zur Grimasse. Er hätte viel drum gegeben, wenn Petra jetzt den Mund hielte, denn auch ohne ihren Bericht erinnerte er sich genau an den Vorgang.

Kaum hatte er sie angefaßt, da hatte sie auch schon nach seiner Hand gepackt und hineingebissen, als handelte es sich um eine Frucht. Der Schmerz war unerträglich gewesen, war wie ein Stromschlag durch den Arm in den Kopf gefahren und hatte dort eine unbeschreibliche Wut ausgelöst.

Er sah sein Blut auf den Teppich tropfen und hatte

plötzlich die wahnwitzige Vorstellung, diese Frau würde ihn mit Haut und Haar verspeisen. Regelrecht Angst hatte er bekommen, und als sie ihn obendrein noch mit ihren langen Fingernägeln, die wie Krallen über seinen Hals schürften, angriff, faßte er instinktiv nach der Sektflasche, die er mit ihr hatte leeren wollen, schlug sie an der Tischkante entzwei und hielt ihr nun den zerborstenen Flaschenhals wie ein Messer an die Kehle. Da gab sie von einer zur anderen Sekunde auf und ließ alles mit sich machen.

Danach erfüllte ihn für kurze Zeit ein tiefes Triumphgefühl, und nicht einen Gedanken verschwendete er an die Angst der Frau, die er sich auf diese Weise gefügig gemacht hatte.

»Er wollte mich an den Oberarmen packen«, sagte Petra, »vielleicht auch am Hals, ich weiß es nicht. Ich weiß nur, daß ich ohne Überlegung seine Hand zu fassen bekam und zubiß. Ich war drauf aus, mich bis auf die letzte Sekunde zu wehren. Ich habe nach ihm getreten, ihn gekratzt und glaubte schon, er würde aufgeben, da zerschlägt er die Sektflasche, die er vorher auf den Tisch gestellt hatte und hält mir den zersplitterten Flaschenhals an die Kehle.«

Petra zeigte die Stelle und drückte immer fester dagegen, wodurch ihre Stimme unnatürlich hoch wurde.

»Gesagt hat er nichts, kein Wort. Ich wußte ja auch so, was er von mir verlangte. Ich fühlte nur das spitze, scharfkantige Glas an meinem Hals, und als mir etwas von dem lauwarmen Sekt in den Ausschnitt lief, bildete ich mir ein, es sei mein Blut.

Immer war ich der Meinung gewesen, mir kann so etwas nicht passieren, und selbst hier in der Wohnung glaubte ich noch, unbeschadet davonzukommen. Aber als ich das Glas auf der Haut spürte und den Sekt für mein Blut hielt, da gab ich auf. Und als er mein T-Shirt mit dem Flaschenscherben zerschnitt und mich auszog, da habe auch ich mich nicht mehr wehren können.«

Alle drei Frauen sahen Eckard Fuhrgeber an und hofften, endlich an ihm die Angst festzustellen, die er ihnen gemacht hatte. Sie wünschten sich, daß er um Vergebung bat, um Reue und an ihr Mitleid appellierte. Sie waren sich ihrer Sache so sicher, daß sie erschraken, als er plötzlich zu lachen anfing.

Er lachte, um die Frauen nicht merken zu lassen, wie schlecht er sich fühlte und wie er sich fürchtete. Seine Füße und Hände durften auf keinen Fall schwer werden, vor allem durfte er nicht schreien, bloß nicht schreien, lieber lachen. Jetzt standen sie auf und kamen auf ihn zu, würden ihn vielleicht pakken und drüben aufs Sofa legen, so wie ihn die Mutter aufs Sofa gelegt hatte. Und Petra rief ihm auch noch die gleiche Frage zu, wie die Mutter sie ihm stets zugerufen hatte, wenn er, unfähig, etwas zu sagen, verstummte.

»Was ist los?« fragte sie.

Die Worte rutschten ihm wie in der Kindheit weg und bildeten in seinem Bauch ein unzusammenhängendes Knäuel, das es ihm unmöglich machte, zu sprechen. Er fühlte nur die Schwere der Glieder und daß er verloren war.

In dem Moment sagte Dorte: »Es hat keinen Zweck, laßt uns gehen. Ich will hier raus, ich kann nicht mehr.«

Das half. Das Knäuel in seinem Bauch löste sich auf, und er konnte wieder reden.

»Was wollt ihr eigentlich von mir?«

»Wir wollen, daß Sie sich selbst anzeigen.«

Nele und Petra sagten es gemeinsam, Dorte plapperte die Worte wie ein Echo hinterher.

»Ich?« fragte Fuhrgeber zurück, und seine Lippen blieben eine Weile über den Zähnen hängen, als seien sie dort befestigt.

»Soviel Dämlichkeit auf einem Haufen habe ich wirklich noch nicht erlebt«, sagte er endlich und schlug sich mit der flachen Hand an die Stirn. »Ihr glaubt doch wohl nicht im Ernst, daß ich mich von euch erpressen lasse?«

»Dann werden wir Sie anzeigen, und das wird für Sie von weit größerem Nachteil sein«, sagte Nele und stand auf. Schon wieder probierte Fuhrgeber ein Lachen. Er bedankte sich spöttisch für die Chance, die man ihm einräume. Sie sollten ihn ruhig anzeigen, schlug er vor, jetzt, Wochen nach dem Geschehen, würde ihnen kein Richter mehr Glauben schenken, und ohne ärztliche Atteste sähe es mit ihren Beweisen sowieso mies aus.

»Und die Narbe an Ihrer Hand, ist die nicht Beweis genug?« fragte Petra, und Nele behauptete, noch ihre zerrissene Bluse zu besitzen. Außerdem könne sie ihre Freundin Betty als Zeugin vorladen lassen, vielleicht auch ihren Mann, der Richter an einem Arbeitsgericht sei.

»Der wird sich hüten, als Zeuge aufzutreten«, antwortete Fuhrgeber und sah Dorte in der Erwartung an, wie sie wohl die angebliche Vergewaltigung Wochen später unter Beweis stellen wollte.

Aber Dorte schwieg und hob die Schultern, als wisse sie nichts zu sagen.

»Ich geh'«, flüsterte sie schließlich, »ich hab's euch ja gleich gesagt.«

Die beiden anderen folgten ihr ohne Widerspruch zur Tür, und es schien, als habe der ganze Spuk für Eckard endlich ein Ende.

»Raus«, schrie er ihnen unerwartet laut nach, »und laßt euch hier ja nicht mehr blicken.«

Sie gingen so schnell davon, wie sie gekommen waren, ohne sich umzudrehen und ohne noch einmal ihren Vorsatz zu wiederholen, ihn anzuzeigen.

Er wußte, es war ihm gelungen, sie einzuschüchtern, und als die Tür hinter ihnen ins Schloß fiel, atmete er erleichtert auf. Eine Weile stand er wie verloren in der Mitte des Raumes, die Hände um seinen Nacken gelegt, wie jemand, der bemüht ist, sich von einer großen Strapaze zu erholen. Seine Augen waren geschlossen, und nur sein Oberkörper schwankte leicht hin und her.

Ein fremdes Geräusch ließ ihn zusammenfahren, und er verspürte plötzlich den Wunsch, sich umzuziehen. Erst in Hemd und Hose begann er sich wieder sicher zu fühlen. Den Schlips wählte er mit Sorgfalt aus, cremte danach seine Schuhe ein und putzte sie gründlich, obwohl er sie blankgewienert aus dem Schrank genommen hatte. Langsam verlor sich die

Nervosität, und als er sich jetzt vor dem Spiegel frisierte, pfiff er sogar eine kleine Melodie vor sich hin.

Er fuhr nicht mit dem Auto, er ging zu Fuß, und als er am Wohnplatz der Tütenlady vorbeikam, blieb er stehen. Sie war wieder da, saß in ihrem Sessel unterm Schirm mit dem Fahrradhelm auf dem Kopf, ihren Blick hinter der Sonnenbrille versteckt. Die wenigen Tüten füllten noch nicht mal einen ihrer Wagen, hingen schlaff und halbvoll von den Seiten herunter und täuschten an Masse weit mehr vor, als die Lady besaß.

Eckard wußte nicht, ob sie ihn bemerkt hatte, aber er bildete sich ein, daß sie ihn anstarrte, und er lächelte sie, seiner Sache sicher, spöttisch an.

»Mieser Ficker«, zischte sie ihm über ihre armseligen Tüten hinweg zu, und Eckard Fuhrgeber zischte genauso leise zurück: »Ich weiß.«

Dann ging er weiter, beschwingt vor sich hinpfeifend, immer wieder darauf bedacht, hin und wieder einen Blick auf sein Spiegelbild in die Gläser der Schaufenster zu werfen.

Feuchtigkeit hing in den Bäumen am Straßenrand, glitzerte im Herbstlicht überm Asphalt, denn es hatte geregnet. Eckard Fuhrgeber paßte auf, nicht in Pfützen zu treten, und als er den Schachclub betrat, wirkte er auf die Anwesenden wie aus dem Ei gepellt.

»Schon lange nicht dagewesen«, wurde er begrüßt, und »wo haben Sie denn gesteckt«, oder »ohne Sie ist der Klub nur die Hälfte wert.«

Er antwortete mit der reservierten Höflichkeit, die

man hier an ihm kannte, bestellte sich einen Kaffee und sah sich um. Nein, Frank, sein alter Schachkumpel, war nirgendwo zu sehen. Einen Augenblick ging Eckard die Frage durch den Kopf, ob Frank vielleicht seinetwegen den Club mied.

Vielleicht hatte Nele Steinbecker gequatscht?

Er sah sie wieder vor sich, wie sie bei der Party in diesem lächerlichen schwarzen Kleidchen, ungeschminkt und mit dem streng nach hinten gekämmten Haar das Zimmer betrat. Er hatte sie gar nicht erkannt und begriff erst, was los war, als sie ihm von Frank vorgestellt wurde. Sie schien ihn in dem Kreis nicht erwartet zu haben. Wie ein Monster hatte sie ihn angestarrt und dann beide Hände vor den Mund geschlagen, als müsse sie sich bei seinem Anblick übergeben. Dabei war sie Schritt für Schritt rückwärts gegangen wie in einem verkehrt herum abgespulten Film.

Als er endlich die Figuren auf einem der Schachbretter aufstellte und den Blick hob, um zu sehen, wer mit ihm ein Spiel spielen wollte, stand Frank vor ihm.

»Lange nicht gesehen«, sagte er unverbindlich. Und obwohl beide keine Anstalten machten, sich hinzusetzen, eröffnete Eckard das Spiel, von dem er nicht wußte, ob Frank mit von der Partie sein wollte.

Der zögerte noch, rückte aber dann gleichfalls mit einem seiner Bauern nach vorn. Ungewöhnlich war nur die Tatsache, daß beide dabei stehen blieben und deshalb keiner der Clubmitglieder die Partie ernst nahm. Vielmehr schien man davon auszugehen, daß hier nur des Spaßes halber der eine oder andere Zug probiert wurde.

»Sie wissen, was Ihnen die Freundin meiner Frau vorwirft?« fragte Frank ohne Eckard dabei anzusehen.

»Ja.«

Eckard zeigte sich über die Frage nicht irritiert. Er nahm sich viel Zeit. Aber nicht für eine Antwort, wie Frank dachte, sondern für den nächsten Zug, den er mit einem der Läufer ausführte, was offensichtlich seine ganze Konzentration beanspruchte.

»Mehr haben Sie nicht zu sagen?«

Eckard schüttelte lächelnd den Kopf, wartete Franks Gegenzug ab und antwortete dann fest mit Nachsicht: »Je weniger ich darüber rede, um so besser ist es für Frau Steinbecker. Oder was glauben Sie, warum ich nicht mehr auf Ihre Party zurückgekehrt bin?«

»Aber Nele behauptet...« widersprach Frank, und Eckard unterbrach ihn eine Spur energischer: »Ich denke, die Sache ist peinlich genug. Ersparen Sie Ihnen und mir die fantasievollen Details der Freundin Ihrer Frau. Sie sollten besser nicht zum Gesprächsthema für uns werden.«

Frank schien verlegen. Er schwieg, und sein weiteres Spiel fiel so fahrig aus, daß Eckard ihn mit ein paar Zügen schachmatt setzte und obendrein auch noch sagte: »So einfach ist das.«

Darauf kippte Frank die Figuren in die Schachtel zurück, wandte sich ab, ging gruß- und wortlos davon und bemerkte nicht, wie Eckard in sich zusammenschrumpfte, sah nicht das Beben von dessen

Oberlippe und schon gar nicht die winzigen Schweißperlen darauf. Frank verspürte überhaupt keine Lust mehr, sich weiter im Clubraum aufzuhalten, winkte dem einen oder anderen Spieler zu, schnappte sich seinen Mantel und verschwand.

Und jetzt?

Nein, Eckard Fuhrgeber war zu keinem weiteren Spiel bereit. Er habe nur mal vorbeischauen wollen und müsse wieder in sein Büro, sagte er.

Blaß war er und erschöpft, als habe er eine körperliche Leistung hinter sich gebracht. Kaum war er auf der Straße, sah er sich nach einer Telefonzelle um und rief Erika Zilke an. Sofort hörte sie ihm an der Stimme an, daß es ihm nicht gut ging, kannte dieses kleine Räuspern, das er zwischen die Worte streute und mit dem er die Pausen ausfüllte, die vor seinen Sätzen auftauchten, als halte ihm jemand den Mund zu.

»Wenn du willst«, sagte er für seine Verhältnisse viel zu freundlich, fast bittend, »wenn du willst, dann komm noch bei mir vorbei. Wir könnten zusammen essen oder auch fernsehen oder beides.« Und weil sie nicht gleich antwortete, fügte er schnell hinzu, daß er ihr nicht mehr böse sei.

Erika Zilke verkniff sich ein Lachen und versprach, in einer halben Stunde bei ihm zu sein.

Auf dem Heimweg pfiff Eckard Fuhrgeber nicht ein einziges Liedchen vor sich hin. Keiner seiner Blicke fiel in das Glas der Schaufenster, um sein Aussehen zu überprüfen. Mit steifen, an den Körper gepreßten Armen ging er über die Straße nach Hause und nahm nichts von dem zur Kenntnis, was in sein

Blickfeld geriet, nicht einmal die Tütenlady. Er schlich an ihr vorbei, als existierte sie gar nicht, und hätte sie ihm jetzt mieser Ficker zugerufen, hätte er es nicht auf sich bezogen.

In seiner Wohnung angekommen, legte er sich lang ausgestreckt auf sein Bett und schlief ein.

Kaum hatte Erika Zilke den Hörer aufgelegt, begann sie sich mit allem, was sie tat, zu beeilen. Als erstes ging sie in die Küche, wo sie ein schon fertiges Kalbsragout aus der Tiefkühltruhe nahm. Sie hatte es auf Burgunder Art mit Rotwein, Petersilie, Sahne und Pfeffer zubereitet, dem nur noch die frischen Champignons zuzufügen waren. Den Reis würde sie bei Eckard kochen. Zum Nachtisch legte sie ein Stück Pflaumenkuchen in den Korb, den sie mit Zucker und Zimt bestreute.

Erika Zilke bewegte sich, als nehme sie an einem Wettbewerb teil. Präzise in den Gesten und jeden Handgriff vorher bedenkend, vergeudete sie keine Zeit, auch nicht, als sie sich umzog und vor dem Spiegel schminkte. Wirkliche Muße nahm sie sich erst für die Betrachtung ihrer Erscheinung, nachdem sie mit allem fertig war. Hübsch sah sie aus, das war mit einem Blick zu sehen. Das Kleid stand ihr gut, das Haar fiel in großen Locken weich vom Scheitel auf die Schulter, und wenn sie den Kopf senkte, verdeckte es alle Falten der Augenwinkel unterhalb der Schläfen und Wangen. Die Farbe des Lidschattens, den sie sonst nicht benutzte, war ein helles Blau, das ihre Augen hervorhob, und das Rouge hatte sie bis oben hinauf ans Ende der Brauen getupft. Die Lippen ließ sie ungeschminkt, fürchtete, Eckard würde ihren Mund dann wieder mit Klatschmohn vergleichen und entschied sich statt dessen lieber nur für eine glänzende Lippenpomade. Von den Parfums wählte sie einen herben Duft, den sie sich nicht nur auf Haare und Handgelenke sprühte, sondern auch etwas davon in die Kniekehlen. Sie lächelte sich zu, siegesgewiß und voller Hoffnung. Um schneller ans Ziel zu kommen, nahm sie sich auf der Straße ein Taxi, und als ihr Eckard Fuhrgeber die Tür öffnete, sagte sie mit freudiger Erwartung in der Stimme: »Da bin ich.«

Er sagte gar nichts, betrachtete sie nur von oben bis unten und bat sie mit einer Handbewegung herein. Sie machte sich gleich in der Küche zu schaffen, setzte den Reis auf und schob das Burgunder Kalbsragout mit den Champignons in die Röhre. Eckard bat sie, sich zu beeilen, denn ihm ginge es jetzt um wichtigere Dinge.

Fast offiziell nötigte er sie, im Wohnzimmer Platz zu nehmen. Aus seiner Stimme war die Freundlichkeit von vorhin verschwunden. Auch streute er nicht mehr dieses kleine Räuspern zwischen die einzelnen Worte. Kalt wirkte er, und seine Gesichtszüge zeigten keine Gefühlsregung. Er sah aus, als wolle er ihr augenblicklich die Freundschaft aufkündigen und suche nur noch nach der passenden Formulierung.

»Ich möchte dir etwas sagen«, fing er auch schon an und ließ Erika Zilke nicht aus den Augen. Natürlich bemerkte er, wie sie zusammenzuckte und die Hände um die Knie faltete, als brauche sie Halt.

Er ließ ihr Zeit, sich auf etwas gefaßt zu machen,

was sie ganz richtig als unangenehm vorauszusehen schien. Er wartete sogar, bis sie ihrer Ungeduld Luft machte und fragte, was er ihr denn nun zu sagen habe.

»Ich hatte heute Besuch«, gab er endlich Auskunft und sah über sie hinweg, als befände sie sich gar nicht im Zimmer, »es waren drei junge Frauen hier, Nele Steinbecker, Petra Willich und Dorte Pawel.«

»Und?« fragte Erika Zilke, »wieso soll mich das interessieren?«

»Weil mich alle drei anzeigen wollen.«

»Dich anzeigen – weshalb?«

»Wegen Vergewaltigung.«

Erika Zilke ließ die Knie los. Ihre Arme fielen mit einem wischenden Geräusch herunter und hingen plötzlich wie ausgedreht an ihr herunter.

Eckard Fuhrgeber hingegen verzog keine Miene. Er verhielt sich vielmehr so, als hätte er ihr erzählt, wegen falschen Parkens belangt worden zu sein.

»Natürlich nicht alle zur gleichen Zeit«, sagte er sachlich, »es ergab sich jeweils aus der Situation heraus, als die Damen sich bei mir auf eine Annonce als Schreibkraft vorstellten.« Er sah Erika Zilke an, die immer noch in dieser grotesken Haltung auf dem Sofa hockte. Nur allmählich begriff sie die Gemeinheit, die er sich ausgedacht hatte, um sie zu kränken, ihren Wunsch nach seiner Zärtlichkeit ins Lächerliche zu ziehen, sie fertigzumachen. Und je mehr ihr seine Niedertracht bewußt wurde, um so mehr glaubte sie sich wehren und zurückschlagen zu müssen. Mühsam hob sie die Arme und verschränkte sie im Nacken.

»Du glaubst mir wohl nicht?« fuhr Eckard sie an. Die Enttäuschung in seiner Stimme war gut zu hören und gab ihr die Kraft »nein« zu sagen. Gleich zweimal rief sie es ihm zu, und es gelang ihr dabei ein Lächeln, das ihn zornig machte.

Darauf begann er zu erzählen, erst von Dorte, dann von Petra und zum Schluß von Nele, erzählte ausführlich so lange, bis Erika Zilke sich die Ohren zuhielt. Und weil sie nun nichts mehr hörte, begann sie ihrerseits zu reden, spottete über seine erbärmliche Fantasie, die fern aller Wirklichkeit sei. Wenn hier tatsächlich drei Frauen erschienen seien, dann sicherlich nicht, weil er sich ihnen unsittlich genähert habe, sondern weil er ihnen in seinem krankhaften Geiz das vereinbarte Honorar nicht ausbezahlt habe.

»Du denkst doch nicht im Ernst, du kannst mich mit solchen Horrorgeschichten aus der Fassung bringen«, rief sie, stand auf und ging in die Küche, »du und eine Vergewaltigung, das kann ich mir beim besten Willen nicht vorstellen.«

Sie probierte den Reis und holte das Kalbsragout aus der Röhre, um es mit einem Schuß Burgunder abzuschmecken.

»Laß uns essen«, sagte sie unerwartet versöhnlich mit diesem lauernden, mütterlichen Tonfall, dem er nicht gewachsen war.

Er schwieg, um sich nicht räuspern zu müssen, setzte sich hin und fing an, das Kalbsragout hinunterzuschlingen, als habe er seit Tagen nichts zwischen den Zähnen gehabt. Er fühlte ihren Blick und wußte, daß sie ihm zuhörte, wie er aß. Vielleicht zählte sie auch seine Schlucke. Nachher würde sie abwaschen und später seine schmutzige Wäsche zusammenpacken. Wie trügerisch sich diese Stille zwischen den Essensgeräuschen breitmachte und Friedfertigkeit vortäuschte. Gerade war Erika Zilke versucht, davon zu träumen, daß es so immer zwischen ihnen sein könnte, als Eckard sagte: »Ich habe sie alle drei rausgeschmissen.«

»Wen?«

»Na, die Frauen, von denen ich dir eben erzählte.«

Und bevor sie ihn fragen konnte, warum er denn schon wieder mit diesen zweideutigen Lügengeschichten anfinge, die sie mehr langweilten als ihr imponierten, schellte die Türglocke und ließ beide zusammenfahren.

»Wenn das eine von denen ist«, flüsterte Erika Zilke, und das Herz klopfte ihr bis in den Hals hinauf, »dann wird die mich kennenlernen und du auch.«

»Es ist keine von ihnen«, flüsterte Eckard zurück und räusperte sich, »du kannst es mir glauben.«

Blaß war er geworden und seine Arme steif. Als er endlich zur Tür ging, ragte sein Hals unnatürlich lang aus dem Hemdkragen heraus, was komisch aussah und in Erika Zilke Mitleid erweckte.

Zwei Herren kamen herein, sagten, daß sie von der Kriminalpolizei seien und Herrn Fuhrgeber allein sprechen wollten.

»Nicht nötig«, antwortete Eckard unter großer Anstrengung, »meine Lebensgefährtin weiß über alles Bescheid.«

Die Herren sahen sich an, sahen Erika Zilke an und teilten Eckard Fuhrgeber mit, daß gegen ihn ein

Haftbefehl wegen Vergewaltigung in drei Fällen vorliege und er mitzukommen habe.

»Sie sind ja verrückt«, sagte Erika Zilke, »Herr Fuhrgeber vergewaltigt keine Frauen. Ich wäre doch wohl die erste, die das wissen müßte.«

Die Herren von der Kriminalpolizei sahen sich abermals an, hoben die Schultern und schwiegen. Sie schienen es vorerst nicht sonderlich eilig zu haben.

Alle richteten ihre Aufmerksamkeit auf Eckard Fuhrgeber, dessen Hals plötzlich wieder in den Hemdkragen zurückgefahren war.

Auch die Steifheit war völlig aus seinem Körper verschwunden. Er schien gebückt zu sein, und seine Lippen zitterten.

»Du kennst mich eben nicht«, rief er anklagend Erika Zilke zu, die gerade aus unerfindlichen Gründen das schmutzige Geschirr zusammenstellte, »aber was noch schlimmer ist, du hast mich nie gekannt.«

Und dann passierte es. Erika Zilke warf mit Schwung und Getöse die abgegessenen Teller auf den Boden.

Vielleicht hätte sie auch noch die Schüssel mit dem Burgunder Kalbsragout hinterhergeworfen. Aber einer der Herren von der Kriminalpolizei ermahnte sie höflich, sich doch um Gottes willen zu beruhigen.

Darauf blieb sie wie auf Kommando zwischen den Scherben im Türrahmen stehen und rührte sich nicht mehr.

»Packen Sie das Nötigste zusammen«, sagte einer der Beamten zu Eckard, »wir können hier nicht ewig auf Sie warten.«

Obwohl er sich Mühe gab, nicht auf die Scherben zu treten, knirschten Eckards Schritte befremdlich auf dem zerschlagenen Porzellan. Jedes Mal, wenn er an Erika vorbeiging, sah er sie an, sagen konnte er nichts.

Und weil sie sich nicht bewegte, auch seinen Blick nicht erwiderte, gab er es schließlich auf, um in Begleitung der beiden Herren grußlos aus der Wohnung zu gehen.

Allein gelassen kam in Erika Zilke wieder Leben. Wie in Zeitlupe zog sie die Füße hoch, tastete sich vorwärts zur Tür, nahm im Vorbeigehen ihren Mantel vom Bügel und zog leise die Tür hinter sich zu.

Sie vergaß augenblicklich die Unordnung, die sie hinterließ, die Scherben und das restliche Essen, das noch in Schüsseln auf dem Tisch stand. Sie hatte nur den Wunsch, so schnell wie möglich von hier fortzukommen.

Aber wie in Alpträumen schien sie sich nur mühsam von der Stelle bewegen zu können, brauchte Zeit bis zum Fahrstuhl, der sich viel zu schwer öffnen ließ und dann statt nach unten aufwärts schwebte, sich aus dem Dach hob und trotz ihrem Hilferuf mit ihr himmelwärts fuhr, wo kein Ende abzusehen war.

Als Erika Zilke wieder zur Besinnung kam und von hilfreichen Hausbewohnern freundlich gefragt wurde, ob man sie zu Herrn Fuhrgebers Wohnung begleiten solle, lehnte sie das Angebot energisch ab und behauptete, ohne nach irgend etwas gefragt worden zu sein, daß bei allem, aber auch allem, was geschehen sei, ein entsetzlicher Irrtum vorliegen müsse.

HEYNE BÜCHER

HEYNE BUCH-PROGRAMM

Sie ist schön, klug, warmherzig – und eine der berühmtesten Filmschauspielerinnen Hollywoods

Katharine Hepburn

Bilder und Erinnerungen aus ihrem faszinierenden Leben im Programm des Heyne Verlags

Katharine Hepburn:
African Queen oder
Wie ich mit Bogart, Bacall und Huston nach Afrika fuhr und beinahe den Verstand verlor
Heyne-Taschenbuch 01/8328

Katharine Hepburn: »Ich«
Geschichten meines Lebens
Heyne Buch-Programm 40/150

Alvin H. Mavill:
Katharine Hepburn
Heyne Filmbibliothek 32/8

Wilhelm Heyne Verlag
München